中国农业品牌政策研究报告

（2023）

农业农村部市场与信息化司
中　国　农　业　大　学　◎主编

中國農業大學出版社
China Agricultural University Press
·北京·

图书在版编目（CIP）数据

中国农业品牌政策研究报告.2023/农业农村部市场与信息化司，中国农业大学主编. --北京：中国农业大学出版社，2023.8

ISBN 978-7-5655-2978-8

Ⅰ.①中… Ⅱ.①农…②中… Ⅲ.①农产品-品牌战略-研究报告-中国-2023 Ⅳ.①F323.7

中国国家版本馆 CIP 数据核字（2023）第 074084 号

书　　名 中国农业品牌政策研究报告(2023)
ZHONGGUO NONGYE PINPAI ZHENGCE YANJIU BAOGAO(2023)

作　　者 农业农村部市场与信息化司　中国农业大学　主编

策划编辑	何美文	**责任编辑**	何美文　刘彦龙
封面设计	李尘工作室		
出版发行	中国农业大学出版社		
社　　址	北京市海淀区圆明园西路 2 号	**邮政编码**	100193
电　　话	发行部 010-62733489,1190	读者服务部	010-62732336
	编辑部 010-62732617,2618	出　版　部	010-62733440
网　　址	http://www.caupress.cn	**E-mail**	cbsszs@cau.edu.cn
经　　销	新华书店		
印　　刷	运河(唐山)印务有限公司		
版　　次	2023 年 8 月第 1 版　2023 年 8 月第 1 次印刷		
规　　格	190 mm×270 mm　16 开本　13 印张　187 千字　插页 4		
定　　价	98.00 元		

图书如有质量问题本社发行部负责调换

《中国农业品牌政策研究报告（2023）》
指导委员会

编委会

序　言

农业品牌是农业高质量发展的重要标志，是促进乡村振兴的重要抓手，是加快建设农业强国的重要举措。20世纪末以来，我国农产品供求关系发生重大变化，主要农产品长期短缺的历史结束。特别是加入WTO以后，随着贸易自由化和区域一体化不断推进，农产品市场开放度大幅提高，农产品贸易逆差不断扩大，农产品市场竞争加剧，加快农业品牌建设日益迫切。

党中央、国务院高度重视农业品牌建设，21世纪以来连续发布20个中央一号文件，其中17个中央一号文件对农业品牌发展作出重要部署。特别是党的十八大以来，以习近平同志为核心的党中央始终将解决好“三农”问题作为全党工作的重中之重，农业品牌打造被摆在更加突出的位置，成为引领农业供需结构升级、推动农业高质量发展的重要举措。党的二十大提出加快建设农业强国，这是新时代新征程党对做好“三农”工作的战略部署。农业强，品牌必须强。近年来，各级政府部门贯彻落实党中央、国务院决策部署，强化顶层设计，加强政策创设，建立实施机制，农业品牌政策体系逐步完善，系统性、协同性和实效性明显增强，为加快农业农村现代化、全面推进乡村振兴提供了重要支撑。

《中国农业品牌政策研究报告（2023）》全面回顾、系统梳理了改革开放以来特别是进入新时代，农业品牌政策演变脉络、基本框架和政策措施，包括国家级、省级、市县级农业品牌政策演变和分析，以及国际农业品牌发展政策借鉴四个部分，分析不同发展阶段农业品牌政策的出台背景、政策着力点和政策实施情况，为不断优化和创新农业品牌政策提供参考。

本报告由农业农村部市场与信息化司和中国农业大学共同组织编写，农业农村部相关司局和部属单位、各级农业农村部门和有关专家给予了大力支持和帮助。谨向所有关心本报告出版的各界人士表示衷心感谢！

编委会

2023年5月

目　录

一、国家农业品牌政策演变

改革开放以来，我国工作重心转移到经济建设上来，随着生产力水平快速提升和综合国力不断增长，农业农村发展支持力度持续加大，明确提出“三农”工作重中之重的指导思想。特别是党的十八大以来，我国农业农村发展取得举世瞩目的重大成就，粮食等重要农产品供给充足，乡村产业繁荣兴旺，推动农业品牌快速发展，相关政策持续优化完善。本报告根据国内外经济发展状况、宏观环境变化、农产品供需形势及品牌在国民经济发展中的地位作用，结合各时期农业农村政策演变、农业品牌发展政策演变及标志性事件，将我国农业品牌政策划分为三个阶段，即探索阶段、发展阶段和提升阶段。

（一）1978—1997 年：探索阶段

1. 政策背景

1978 年，党的十一届三中全会作出“把全党工作的着重点和全国人民的注意力转移到社会主义现代化建设上来”的重要决策，明确提出只有大力恢复和加快发展农业生产，逐步实现农业现代化，才能保证整个国民经济的迅速发展，才能不断提高全国人民的生活水平。1982 年中共中央关于批转《全国农村工作会议纪要》的通知，肯定了包干到户、包产到户等多种形式的责任制，提出改革农产品购销制度，支持农村集体和农民兴办社队企业。1983 年与 1984 年的中央一号文件对家庭联产承包责任制作出进一步肯定，提出要保护支持社队企业发展。1983 年中央一号文件《当前农村经济政策的若干问题》提出了“两个转化”，即促进农业从自给半自给经济向较大规模的商品生产转化，从传统农业向现代农业转化；提出完善联产承包责任制的关键是通过承包处理好统与分的关系；指出社队企业是支持农业生产的经济力量，应在体制改革中认真保护，必须努力办好，继续充实发展。1984 年中央一号文件《中共中央关于一九八四年农村工作的通知》提出要继续稳定和完善联产承包责任制，帮助农民在家庭经营的基础上扩大生产规模，提高经济效益；鼓励发展社队企业，强调社队企业是农村经济的重要支柱，要建立和完善责任制，改善经营管理，采取适用技术，提高经济效益，促其健康发展。1985 年中央一号文件《中共中央 国务院关于进一步活跃农村经济的十项政策》提出活跃农村经济的十项政策，取消了个别品种外的统购派购制度，赋予农民经营自主权，强调联产承包责任制和农户家庭经营长期不变，继续完善乡镇企业责任制。1986 年中央一号文件《中共中央 国务院关于一九八六年农村工作的部署》肯定了联产承包责任制取得的成效，提出完善流通体制和合作体制，支持乡镇企业发展。20 世纪 80 年代连续发布的 5 个中央一号文件明确了当时农村工作重点任务，即在稳定和完善生产责任制的基础上，提高生产力水平，疏理流通渠道，发展商品生产；建立以家庭承包经营为基础、统分结合的双层经营体制，极大调动了亿万农民的生产积极性。1987 年至 1997 年，农产品流通体制改革得到深化，农业产业化经营加快推进，我国主要农产品产量快速增长，农林牧渔业总产值不断攀升，从 1978 年的 1397 亿元快速增长到 1990 年的 7662.1 亿元，增长 448.5%，1997 年达到 14211.2 亿元，较 1990 年增长 85.5%。

1992 年，邓小平同志在视察珠海时指出，我们应该有自己的拳头产品，创出我们中国自己的名牌，否则就要受人欺负。党的十四大第一次明确提出建立社会主义市场经济体制。党的十五大提出深化农产品流通体制改革，进一步搞活农产品流通，尽快形成开放、统一、竞争、有序的农产品市场体系。1992 年，《国务院关于发展高产优质高效农业的决定》提出，我国农业应当在继续重视产品数量的基础上，转入高产优质并重、提高效益的新阶段。1996 年，《国务院关于印发质量振兴纲要（1996—2010 年）的通知》明确提出“实施名牌战略，振兴民族工业”，并于 2001 年批准建立中国名牌战略推进委员会（图 1-1）。

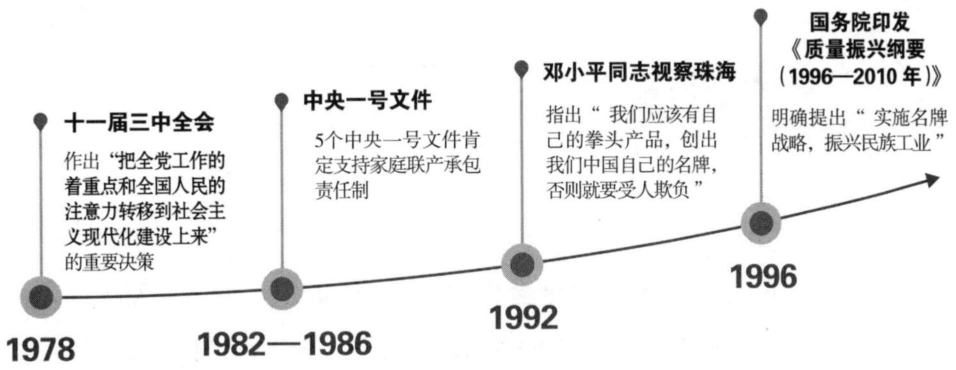

图 1-1　农业品牌发展政策探索阶段政策背景

2. 政策实施

这一时期，作为品牌建设重要基础的商标政策法规体系逐步确立。1983 年 3 月 1 日起，新中国首部商标法《中华人民共和国商标法》（以下简称《商标法》）施行。这是我国第一部规范和调整商标使用的法律，开创了我国知识产权立法的先河。《商标法》首次把“商品经济”作为正式概念写入法律，该法第一条规定：“为了保障消费者利益，促进社会主义商品经济的发展，特制定本法。”1984 年，我国加入《保护工业产权巴黎公约》，开始探索地理标志保护。1994 年，地理标志纳入《商标法》保护范畴。

1983 年，农牧渔业部科技司成立质量标准处，我国农产品质量安全管理工作恢复起步。1986 年，农牧渔业部组建优质农产品开发服务中心，致力于“名特优新稀”农产品，尤其是特色农产品和传统地方名产品开发，先后在全国选建了 800 多个名特优农产品生产基地，推动全国 100 个名特优新农产品获得了第十一届亚运会标志，这是我国优质农产品第一次大规模的标志性品牌宣传。1990 年，农业部实施绿色食品工程，1992 年挂牌成立中国绿色食品发展中心，绿色食品认证进入探索发展阶段。1994 年，农业部成立市场与经济信息司，设立流通政策处。

（二）1998—2011 年：发展阶段

1. 政策背景

1998 年，党的十五届三中全会作出“粮食和其他农产品大幅度增长，由长期短缺到总量大体平衡、丰年有余”的重要判断，全国农村总体上进入由温饱向小康迈进的新阶段。我国农产品供求关系发生重大变化，主要农产品长期短缺的历史结束，这为农业品牌培育奠定了重要基础。进入 21 世纪，党中央坚持把加快经济发展方式转变作为深入贯彻落实科学发展观的重要目标和战略举措，把经济结构战略性调整作为主攻方向，我国经济总量连续跨越新台阶。1998—2011 年，我国 GDP 年均实现 14.6%左右的高速增长，综合国力大幅提升，2010 年国内生产总值跃居世界第二位。这一时期，是我国农业农村经济发展发生阶段性转变的重要时期，部分农产品供给关系出现结构性失衡，个别地区鲜活农产品开始出现阶段性、区域性、结构性过剩，新一轮的农业结构性调整开始起步，农业农村经济发展面临的形势和任务发生了较大转变。2001 年印发《中共中央 国务院关于做好 2001 年农业和农村工作的意见》，提出继续推进农业结构的战略性调整，全面提高农业的素质和效益；坚持抓好粮食生产并提高生产效益；逐步转移农业富余劳动力，多渠道增加农民收入。2003 年中央农村工作会议首次提出把解决好“三农”问题作为全党工作的重中之重。2004—2006 年先后印发 3 个中央一号文件《中共中央 国务院关于促进农民增加收入若干政策的意见》《中共中央 国务院关于进一步加强农村工作提高农业综合生产能力若干政策的意见》《中共中央 国务院关于推进社会主义新农村建设的若干意见》，明确了新世纪新阶段农业农村工作的主要任务，突出了农民增收、农业综合生产能力提升、新农村建设等重点工作，逐步取消农业税，制定了一系列价格支持和农业补贴政策，公共财政逐步覆盖广大农村。特别是 2006 年中央一号文件提出在全国范围取消农业税，明确提到我国总体上已进入以工促农，以城带乡的发展阶段，初步具备了加大力度扶持“三农”的能力和条件。2006 年，第十一届全国人民代表大会常务委员会会议通过《中华人民共和国农产品质量安全法》，为保障农产品质量安全、推动农业品牌发展提供了法律依据。

2001 年我国正式加入世界贸易组织（WTO）。这一阶段是我国加入世界贸易组织并逐渐从过渡期进入后过渡期的关键时期，我国入世时在农产品贸易方面作出的关税减让、提高国内市场准入程度等承诺的过渡期结束，国际竞争不再局限于价格竞争，质量竞争日益突出，农产品生产和贸易面临巨大挑战。为了与世界贸易组织关于《与贸易有关的知识产权协议》对地理标志的法律保护相衔接，我国于 2001 年对《商标法》进行修改，将地理标志及地理标志保护问题纳入法律体系，这一修订为加强我国农业品牌的国内外保护和国际化发展提供了法律依据。

这一阶段，党中央、国务院积极推动实施品牌战略。2001 年，国务院批准建立中国名牌战略推进委员会，推动实施名牌战略。2005 年中央经济工作会议指出，必须加快实施品牌战略，推动经济增长方式转变。2007 年党的十七大报告提出加快培育国际知名品牌要求，并于 2011 年印发《中华人民共和国国民经济和社会发展第十二个五年规划纲要》，提出“推动自主品牌建设，提升品牌价值和效应，加快发展拥有国际知名品牌和核心竞争力的大企业”，这既是我国国民经济发展的迫切要求，也是参与国际竞争的必然要求。在上述背景下，各级政府部门相继出台了一系列推动农业品牌建设的政策措施，加快推动农业品牌建设发展（图 1-2）。

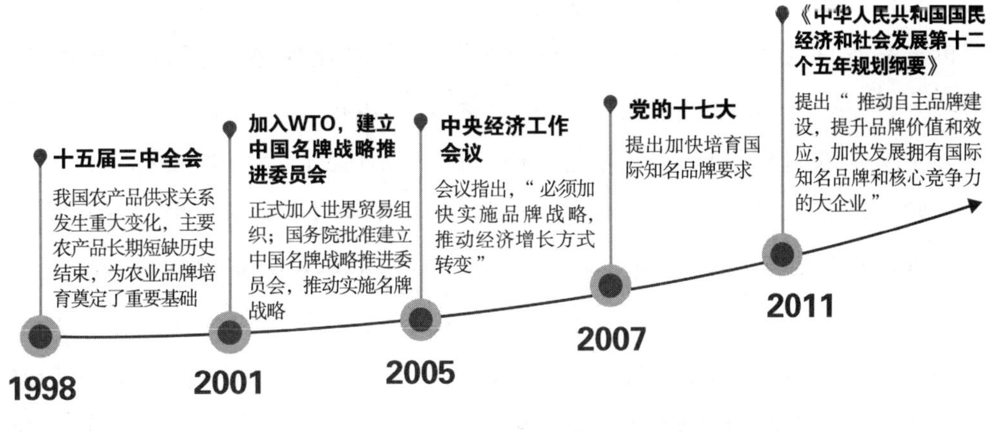

图 1-2　农业品牌发展政策发展阶段政策背景

2. 政策着力点

这一时期出台的相关政策重点聚焦提升产品品质、培育知名品牌、推动品牌保护等内容，为农业品牌发展奠定政策基础。

（1）持续推动品质提升。优良的品种和优秀的品质是农业品牌打造的关键。21世纪初，国家层面出台的政策文件开始聚焦优质农产品生产和供给，全面提高农产品质量安全水平。**一是优化品种**。2000年中共中央、国务院印发《中共中央、国务院关于做好二〇〇〇年农业和农村工作的意见》，提出全面优化农作物品种，努力提高农产品质量，根据市场需求变化继续压缩不适销品种，扩大优质农产品生产。2005年中央一号文件《中共中央 国务院关于进一步加强农村工作提高农业综合生产能力若干政策的意见》提出，建设特色农业标准化示范基地，筛选、繁育优良品种，把传统生产方式与现代技术结合起来，提升特色农产品的品质和生产水平。**二是开展质量认证**。《中共中央 国务院关于做好2001年农业和农村工作的意见》强调"确保农产品质量安全是当前的一项紧迫任务"，要"大力发展无公害农产品、绿色食品和有机食品生产，建立健全认证、标识和公示制度，尽快使优质、安全的农产品形成品牌"。这是国家政策中首次提出"使优质、安全的农产品形成品牌"。在此基础上，2004年中央一号文件《中共中央 国务院关于促进农民增加收入若干政策的意见》提出要全面提高农产品质量安全水平，并将"扩大无公害食品、绿色食品、有机食品等优质农产品的生产和供应。"**三是加强地理标志认证和保护**。2007年中央一号文件《中共中央 国务院关于积极发展现代农业扎实推进社会主义新农村建设的若干意见》提出依法保护农产品注册商标、地理标志和知名品牌。2008年中央一号文件《中共中央 国务院关于切实加强农业基础建设进一步促进农业发展农民增收的若干意见》强调加强农产品地理标志保护。2010年中央一号文件《中共中央 国务院关于加大统筹城乡发展力度进一步夯实农业农村发展基础的若干意见》强调要充分运用地理标志和农产品商标促进特色农业发展。在中央政策的大力推动下，地理标志认证和保护成为提高农产品质量、推动农业品牌建设的重要手段。**四是推动标准化生产**。2009年中央一号文件《中共中央 国务院关于2009年促进农业稳定发展农民持续增收的若干意见》提出推动龙头企业、农业专业合作社、专业大户等率先实行标准化生产，支持建设绿色和有机农产品生产基地。

（2）支持农产品知名品牌。这一时期，中央政策将培育壮大产业和品牌建设紧密结合，提出支持农产品流通企业培育自主品牌。2005 年中央一号文件《中共中央 国务院关于进一步加强农村工作提高农业综合生产能力若干政策的意见》首次提出“农产品品牌”，强调“整合特色农产品品牌，支持做大做强名牌产品”。2006 年中央一号文件《中共中央 国务院关于推进社会主义新农村建设的若干意见》首次提出“农产品知名品牌”，强调推进“一村一品”和“加快建设优势农产品产业带，积极发展特色农业、绿色食品和生态农业，保护农产品知名品牌，培育壮大主导产业”。2008 年《国务院办公厅关于搞活流通扩大消费的意见》提出，加快完善农产品流通网络，支持大型连锁超市、农产品流通企业与农产品专业合作社建立农产品直接采购基地，培育自有品牌，促进产销衔接。

（3）加强商标注册与品牌保护。这一阶段，中央一号文件将品牌保护和品牌培育并重推动，明确提出要加强农业品牌国内外市场保护。从政策着力点来看，保护方式侧重于加强农产品质量认证和商标注册工作，保护对象从知名品牌、地理标志产品扩大至所有合法注册商标的农产品品牌，保护范围从国内扩展至国际。2006 年中央一号文件提出“保护农产品知名品牌”，2007 年中央一号文件扩大了保护对象，将保护范围扩大到国际市场，提出“依法保护农产品注册商标、地理标志和知名品牌，支持农产品出口企业在国外市场注册品牌”。2008 年中央一号文件再次强调“培育名牌农产品，加强农产品地理标志保护”。

3. 政策实施

为贯彻落实党中央、国务院决策部署，原农业部、商务部、原国家质量监督检验检疫总局等部门积极行动，统筹谋划，聚焦农业品牌、老字号、中国名牌、出口名牌等方面推动政策出台。

原农业部大力推动农业品牌建设，在机构设置、政策制定等方面取得积极进展。1998 年，国务院机构改革，农业部主要职能包括引导农业产品结构的合理调整、农业资源的合理配置和产品品质的改善；组织实施农业各产业产品及绿色食品的质量监督、认证和农业植物新品种的保护工作；明确由市场与经济信息司负责组织绿色食品标准拟定和认证管理，组织农业各产业的质量认证工作。1998 年，农业部市场与经济信息司设立质量技术监督处，负责推动农产品质量监督认证和农业品牌培育工作。2008 年，农业部主要职责包括培育、保护和发展农产品品牌，由农业部市场与经济信息司负责，设立市场流通处具体承担。同年，农业部设立农产品质量安全监管局。

2006 年，《农业部关于进一步推进农业品牌化工作的意见》首次提出推动农业品牌化，强调推进农业品牌化是促进传统农业向现代农业转变的重要手段，是优化农业结构的有效途径，是提高农产品质量安全水平和竞争力的迫切需要，是实现农业增效农民增收的重要举措，强调要坚持“企业为主、市场导向、政府推动”的方针，发挥产业优势、区域优势和特色优势，培育、整合、保护农业品牌，鼓励农产品商标注册，开展名牌农产品评选认定。同年发布《2006 年中国名牌农产品评选认定办法》，于 2006 年、2007 年评定了两批共 196 个中国名牌农产品，并在中国国际农产品交易会上，向世界推广中国品牌。2008 年印发《农业部办公厅关于加强品牌农产品监督管理工作的通知》，明确开展以“三品一标一名牌”为主题的农业品牌建设。2010 年印发《农业部关于做好 2010 年农业农村经济工作的意见》，提出加强农业标准化示范县（场）建设，实行规模化种养、标准化生产、商品化处理、品牌化销售和产业化经营，推进畜禽养殖加工一体化；推动乡镇企业产业集群式发展，加快技术创新和设备工艺改造，加强质量标准和品牌建设，促进乡镇企业结构调整和产业优化升级。同年印发《农业部办公厅关于推进农业品牌工作的通知》，首次在文件中明确农业品牌概念，指出培育农业品牌的重要意义，明确推动农业品牌建设的重点任务，具体包括开展农业品牌状况调查、第八届农交会品牌产品评选和品牌业务知识培训。2011 年《农业部关于做好 2011 年农业农村经济工作的意见》强调，大力培育安全优质农产品品牌，以发展无公害农产品、绿色食品、有机农产品和地理标志农产品为抓手，积极开展“菜篮子”产品标准化生产创建活动。

这一阶段，商务部、原国家质量监督检验检疫总局加强老字号、中国名牌、出口名牌建设，为推动农业品牌发展提供了有力支撑，相关政策也成为农业品牌政策的重要组成部分。商务部2006年印发《关于实施“振兴老字号工程”的通知》，提出研究制定和保护老字号发展的政策措施，支持有条件的老字号企业建立品牌发展战略，做精做强。2008年，商务部等14个部门印发《关于保护和促进老字号发展的若干意见》，提出建立保护和促进老字号发展的政策体系，挖掘整理传统产品和技艺，增强老字号企业自主创新和市场竞争能力，培育一批发展潜力大、竞争能力强、社会影响广、文化特色浓的知名老字号。2001年，国家质量监督检验检疫总局印发《中国名牌产品管理办法》，决定每年举办一次“中国名牌产品”评选。2005年，商务部、国家发展和改革委员会（以下简称国家发展改革委）、国家质量监督检验检疫总局等八部门联合印发《关于扶持出口名牌发展的指导意见》的通知，提出实施出口名牌战略，加强自主品牌建设，培育一批出口名牌，这是增强国际竞争力和综合国力的重要手段，是转变外贸增长方式、实现外贸可持续发展的必然选择，是实现贸易大国向贸易强国转变的必由之路；提出鼓励支持广大出口企业，增强技术创新和国际营销能力，扩大自主品牌出口，全面提升出口竞争力；安排“出口品牌发展资金”，用于支持企业开展自主品牌建设，培育发展出口名牌。

（二）2012年至今：提升阶段

1. 政策背景

2012年，党的十八大胜利召开，确定全面建成小康社会和全面深化改革开放的目标，对推进经济建设、政治建设、文化建设、社会建设、生态文明建设和全面提高党的建设科学化水平作出全面部署，提出“把推动发展的立足点转到提高质量和效益上来”。党的十八届五中全会审议通过《中共中央关于制定国民经济和社会发展第十三个五年规划的建议》，把“以提高发展质量和效益为中心”写进“十三五”时期我国发展的指导思想。2017年，党的十九大指出，“中国特色社会主义进入新时代，我国社会主要矛盾已经转化为人民日益增长的美好生活需要和不平衡不充分的发展之间的矛盾。”我国社会主要矛盾的变化是关系全局的历史性变化，对党和国家工作提出了许多新要求。2022 年，党的二十大强调，将高质量发展作为我国全面建设社会主义现代化国家的首要任务。这是在深入分析我国新的历史条件和阶段、全面认识和把握我国现代化建设实践历程以及各国现代化建设一般规律的基础上，作出的一个具有全局性、长远性和战略性意义的重大判断。

在党中央坚强领导下，我国供给侧结构性改革有力推进，经济结构出现重大变革，生态环境状况明显好转，人民获得感、幸福感明显增强，我国经济已由高速增长阶段转向高质量发展阶段。特别是近年来，我国面临的国际环境日趋复杂，地缘风险、新型冠状肺炎疫情、全球通胀、能源危机交织，国内改革发展稳定任务艰巨繁重。在新的国际国内环境变化下，中国经济显示出强大韧性，供给侧结构性改革深入推进，改革开放力度加大，人民生活持续改善，我国保持了经济健康持续发展和社会大局稳定。党的十八大以来，以习近平同志为核心的党中央坚持把解决好“三农”问题作为全党工作重中之重，把脱贫攻坚作为全面建成小康社会的标志性工程，决战脱贫攻坚取得全面胜利。全面推进乡村振兴和农业农村现代化，深入推进农业供给侧结构性改革，农业综合生产力继续提高，脱贫攻坚成果得到巩固。农业农村发展迈上新台阶，进入新的历史阶段。这一阶段，我国农业的主要矛盾由总量不足转变为结构性矛盾，质量效益和竞争力不高的问题凸显。农业农村经济工作导向和重心进行重大调整，按照高质量发展要求，推进农业尽快由总量扩张向质量提升转变，加快推进农业转型升级。习近平总书记强调，“新形势下要着力解决农业发展中存在的深层次矛盾和问题，重点从农产品结构、抗风险能力、农业现代化水平上发力”。加快农业品牌打造，对推动农业高质量发展、实现农业农村现代化具有更加重要的现实意义。

党的十八大以来，党中央、国务院高度重视品牌建设，实施品牌强国战略，品牌发展成为国家战略。习近平总书记多次对品牌建设作出重要指示。2013 年，习近平总书记指出“要大力培育食品品牌，让品牌保证人民对产品质量的信心”；2014 年 5 月 10 日，他在河南考察中铁工程装备集团时提出“三个转变”，即“推动中国制造向中国创造转变、中国速度向中国质量转变、中国产品向中国品牌转变”，为推动我国产业结构转型升级、打造中国品牌指明了方向。2016 年，国务院办公厅印发《关于发挥品牌引领作用推动供需结构升级的意见》，提出设立“中国品牌日”，强调品牌是企业乃至国家竞争力的综合体现，代表着供给结构和需求结构的升级方向，这是我国品牌建设史上一份标志性文件，对农业品牌建设提出了明确任务和要求。2017 年，印发《中共中央 国务院关于开展质量提升行动的指导意见》，明确提出着力打造中国品牌，实施中国精品培育工程。同年，国务院批复同意把每年 5 月 10 日设立为“中国品牌日”。2023 年，中共中央、国务院印发《质量强国建设纲要》，强调必须把推动发展的立足点转到提高质量和效益上来，培育以技术、标准、品牌、质量、服务等为核心的经济发展新优势，明确提出完善品牌培育发展机制，开展中国品牌创建行动，打造中国精品和“百年老店”（图 1-3）。

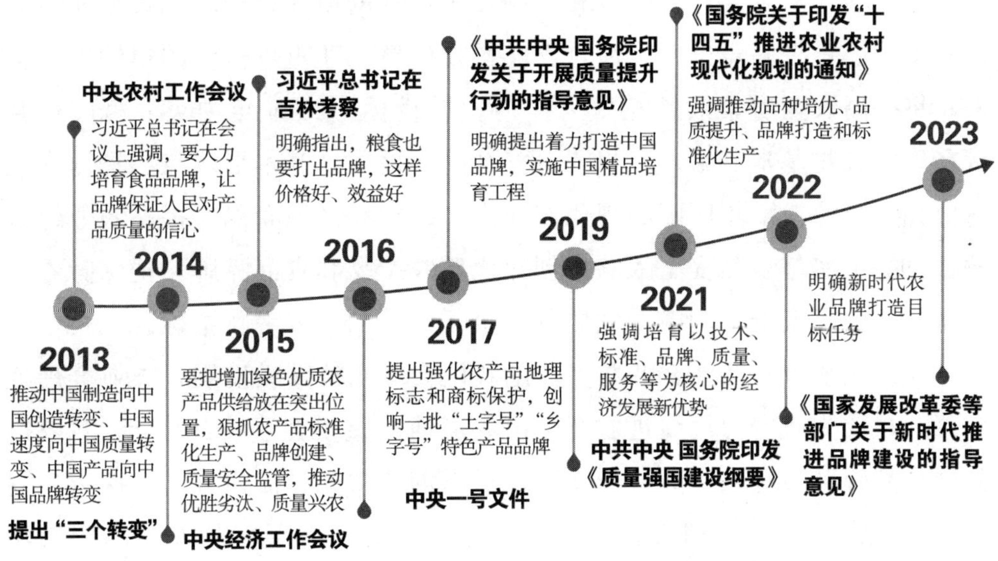

图 1-3　农业品牌发展政策提升阶段政策背景

2. 政策着力点

这一时期，农业品牌建设范畴和建设内容得到拓展，食品品牌、粮食品牌、农产品展会品牌、农业企业品牌、农产品区域公用品牌等概念相继提出，特别是推动区域公用品牌建设更加重视，农业品牌的内涵和外延得到进一步扩展，有力推动了农业品牌蓬勃发展。

（1）强调增加优质农产品供给。2016年，《国务院办公厅关于发挥品牌引领作用推动供需结构升级的意见》提出，要更好发挥品牌引领作用，加快推动供给结构优化升级，适应引领需求结构优化升级，为经济发展提供持续动力。实施品牌基础建设工程、供给结构升级工程、需求结构升级工程等重大工程建设，其中供给结构升级工程指出要以增品种、提品质、创品牌为主要内容，强调要增加优质农产品供给，大力发展无公害农产品、绿色食品、有机农产品和地理标志农产品，建设一批优质农产品种植和生产基地，提高农产品质量和附加值，满足中高端需求。大力发展优质特色农产品，支持乡村创建线上销售渠道，扩大优质特色农产品销售范围，打造农产品品牌和地理标志品牌，满足更多消费者需求。

（2）培育优质农产品和食品品牌。2015年，中央一号文件提出做强农业必须尽快从主要追求产量和依赖资源消耗的粗放经营转到数量质量效益并重、注重提高竞争力、注重农业科技创新、注重可持续的集约发展上来，将提高农业质量效益竞争力作为发展目标。2016年中央一号文件强调在确保谷物基本自给、口粮绝对安全的前提下，基本形成与市场需求相适应、与资源禀赋相匹配的现代农业生产结构和区域布局，提高农业综合效益；提出实施食品安全战略，创建优质农产品和食品品牌，把保障农产品质量和食品安全作为衡量党政领导班子政绩的重要考核指标。

（3）发展农产品展会品牌。伴随我国会展经济蓬勃发展，农业会展逐渐兴起，成为政府部门促进农产品市场流通的重要抓手。2012年，“农产品展会品牌”被写入中央一号文件，提出创新农产品流通方式，探索建立灵活多样的农产品产销方式，鼓励举办多形式、多层次的农产品展销活动，培育具有全国性和地方特色的农产品展会品牌。

（4）培育企业品牌。农业企业是农业品牌建设的主体，是促进农业品牌发展的重要力量。2013年，中央一号文件《中共中央 国务院关于加快发展现代农业 进一步增强农村发展活力的若干意见》明确提出，要培育壮大龙头企业，增加扶持农业产业化资金，支持龙头企业培育品牌。在此之后，农业企业品牌的国际化发展被重点关注。2015年，《国务院关于加快培育外贸竞争新优势的若干意见》鼓励企业创立品牌、有实力的企业收购品牌，大力培育区域性、行业性品牌；采取多种方式，加大中国品牌海外推介力度。2016 年，中央一号文件《中共中央 国务院关于落实发展新理念加快农业现代化实现全面小康目标的若干意见》明确指出，要培养一批农产品精深加工领军企业和具有国际竞争力的国内外知名品牌。这为下一阶段发挥农业产业化龙头企业竞争优势，拓展延伸产业链条，发展农产品精深加工，打造知名农业品牌起到了积极的促进作用。

（5）推进区域公用品牌建设。2017 年，中央一号文件《中共中央 国务院关于深入推进农业供给侧结构性改革加快培育农业农村发展新动能的若干意见》指出，“围绕市场需求变化，引入现代要素培育国产优质品牌，提升传统名优品牌”“推进区域农产品公用品牌建设，支持地方以优势企业和行业协会为依托打造区域特色品牌”，这是中央一号文件首次提出推进区域农产品公用品牌建设。2018 年中央一号文件《中共中央 国务院关于实施乡村振兴战略的意见》强调“突出农业绿色化、优质化、特色化、品牌化，全面推进农业高质量发展”“发挥新型农业经营主体带动作用，打造区域公用品牌，帮助小农户对接市场”。2019 年中央一号文件《中共中央 国务院关于坚持农业农村优先发展做好“三农”工作的若干意见》将培育特色优势产业和打造农产品区域公用品牌结合，提出支持建设一批特色农产品优势区，健全特色农产品质量标准体系，强化农产品地理标志和商标保护，创响一批“土字号”“乡字号”特色产品品牌。2023 年中央一号文件《中共中央 国务院关于做好 2023 年全面推进乡村振兴重点工作的意见》强调中央财政衔接推进乡村振兴补助资金用于产业发展的比重力争提高到 60%以上，重点支持补上“技术、设施、营销等短板”“促进农业节本增效、提质增效、营销增效”，明确提出“支持脱贫地区打造区域公用品牌”。

（6）推进农业生产“三品一标”。习近平总书记在 2020 年中央农村工作会议上强调，城乡居民食物消费结构在不断升级，今后农产品保供，既要保数量，也要保多样、保质量；要深入推进农业供给侧结构性改革，推动品种培优、品质提升、品牌打造和标准化生产（以下简称“新三品一标”）。2021 年中央一号文件《中共中央 国务院关于全面推进乡村振兴加快农业农村现代化的意见》提出要深入推进农业结构调整，推动品种培优、品质提升、品牌打造和标准化生产。2022年中央一号文件《中共中央 国务院关于做好2022年全面推进乡村振兴重点工作的意见》再次强调开展农业品种培优、品质提升、品牌打造和标准化生产提升行动。这为推动我国农业农村经济高质量发展，提高农业质量效益和竞争力提供了宏观指导和现实路径。

3. 政策实施

为贯彻落实党中央、国务院决策部署，各有关部门着力推进品牌强农，强化政策创设，力度加大，步伐加快，农业品牌建设进入“快车道”。

农业农村部强化统筹谋划，系统推动，农业品牌政策体系和推进机制逐步建立，多个重要文件对加快农业品牌建设进行了具体部署，推进力度不断加大，推动措施更趋具体务实。2014年，农业部市场与经济信息司市场流通处更名为流通促进处，负责承担培育、保护和发展农产品品牌有关工作；组织开展农产品营销促销，促进产销衔接。2018年，流通促进处更名为品牌与流通促进处，推动农业品牌建设职能得到进一步强化。这一阶段，农业农村部出台系列政策文件。2013年农业部办公厅印发《关于申报全国休闲农业品牌培育试点项目的通知》，明确在全国范围内选择一批规划科学、布局合理、特色鲜明的农家乐集聚村或休闲农业经营点，通过支持其提升发展能力，培育在业内示范带动作用强、消费者中有广泛影响的休闲农业知名品牌。2016年印发《农业部关于开展农产品加工业质量品牌提升行动的通知》，指出在全国范围内开展农产品加工业质量品牌提升行动，以加快培育一批国际知名企业、一批国内知名企业和一批区域知名企业，打造一批具有广泛影响力和持久生命力的国际知名品牌、国内知名品牌和区域知名品牌为目标，大力提升标准化生产能力、全程化质量控制能力、技术装备创新能力和品牌培育创建能力“四大能力”提升重点任务，对增强加工企业品牌的市场竞争力和国际影响力发挥了重要作用。2016年底，农业部举办第十四届中国国际农产品交易会，首次开展大型农业品牌营销推介活动“省部长推介品牌农产品专场”，20位省部长提篮叫卖，开启农业品牌营销新风尚；指导举办首届中国大米品牌大会，发布“2016 中国十大大米区域公用品牌”“中国十大好吃米饭”。2017 年《农业部关于推进农业供给侧结构性改革的实施意见》提出，加快推进农业品牌建设，深入实施农业品牌战略，探索建立农业品牌目录制度及品牌评价体系；并将 2017 年确定为“农业品牌推进年”，提出“农业品牌推进年”系列措施，组织召开全国农业品牌推进大会，提出“农业品牌创建是全局性战略工作，要把品牌这杆大旗举起来，推进品牌与种养加紧密结合，以品牌覆盖带动种养加发展，用品牌覆盖农业全产业链条，打造区域品牌、企业品牌、产品品牌的‘新三品’，促进种养加上水平，农业质量效益全提升。”2018 年印发《农业农村部关于加快推进品牌强农的意见》，首次提出“品牌强农”，并明确了主攻方向、目标任务和政策措施，提出以品质提升为核心筑牢品牌发展基础，构建区域公用品牌、企业品牌和产品品牌协同发展的品牌体系，完善品牌发展机制，挖掘品牌文化内涵，创新营销方式，增强我国农业品牌竞争力，推动我国从农业大国向品牌强国转变。2019 年启动农业品牌目录制度建设，实施“地理标志农产品保护工程”。2020 年指导举办中国农业品牌政策研讨会，首次发布《中国农业品牌发展报告》。2021 年农业农村部办公厅印发《农业生产“三品一标”提升行动实施方案》的通知，从全产业链角度，系统谋划品种、品质、品牌和标准化生产，明确提出农业品牌打造的重点任务和主要目标。2021 年是“十四五”开局之年，农业农村部在“十四五”农业农村发展领域重点规划中，对农业品牌打造提出明确要求。《国务院关于印发“十四五”推进农业农村现代化规划的通知》强调，推动品种培优、品质提升、品牌打造和标准化生产，提升农业质量效益和竞争力，在“十四五”全国种植业、畜牧兽医行业、渔业、农产品质量安全、农产品产地市场体系、农产品仓储保鲜冷链物流建设、乡村产业高质量发展、农业农村国际合作等规划和政策文件中均提出农业品牌打造任务和目标。同年，指导启动脱贫地区农业品牌帮扶行动，相继确定 20 个品牌帮扶重点县，“一对一”开展区域公用品牌打造。2022 年农业农村部办公厅印发《农业品牌精品培育计划（2022—2025 年）》的通知，提出建立完善农业品牌建设促进机制和支持体系，塑强一批品质过硬、特色鲜明、带动力强、知名度美誉度消费忠诚度高的农产品区域公用品牌，培育推介一批产品优、信誉好、产业带动作用明显、具有核心竞争力的企业品牌和优质特色农产品品牌。农业农村部办公厅印发《农业生产“三品一标”提升行动有关专项实施方案》的通知，其中《农业品牌打造实施方案（2022—2025年）》明确了这一时期农业品牌建设的目标任务，提出以加快农业品牌打造为目标，以农业品牌精品培育计划为抓手，强化基础支撑，突出营销推广，提升服务能力，推动产销衔接，不断提升农业品牌市场号召力、竞争力和影响力。在此期间，农业农村部加大农业品牌营销推广力度，借助中国国际农产品交易会、中国国际茶叶博览会、中国农民丰收节等展会节庆活动，以“品牌强农”为主题，举办品牌推介、高峰论坛等品牌活动，特别是名人公益推介、农民推介、市县长推介、农业企业推介等系列活动，以及中国农民丰收节金秋消费季等促消费活动，对提升农业品牌知名度、美誉度和影响力，促进品牌农产品消费发挥了重要作用。

党的十八大以来，各有关部门加快实施品牌强国战略，特别是针对商标、地理标志等方面加大推进力度，为加快推进农业品牌建设提供了有力支撑。2017年，工商总局印发《关于深入实施商标品牌战略 推进中国品牌建设的意见》，从引导商标注册、规范商标使用、开展地理标志资源调查等方面持续发力，提出加强对农民、农村经济组织和涉农企业的商标法律宣传，积极引导注册并依法规范使用农产品商标以及地理标志商标；适时开展地理标志资源调查工作，运用地理标志精准扶贫。2021年《中欧地理标志协定》正式生效并实施，为中国和欧盟的地理标志提供高水平保护，进一步满足消费者对高品质进口产品的需求。同年，印发《国家知识产权局 国家市场监督管理总局关于进一步加强地理标志保护的指导意见》，旨在妥善处理继承和创新、政府和市场、保护和发展的关系，推动各地方知识产权和市场监管部门全面加强地理标志保护，更好发挥地理标志推动区域特色经济发展、服务外交外贸、促进贸易投资、传承传统文化、助力乡村振兴的制度性作用，实现高质量发展。国家知识产权局印发《地理标志保护和运用“十四五”规划》，提出实施地理标志农产品保护工程，发挥地理标志品牌效应，加强与重要农业文化遗产等的融合发展，打造一批品质高、口碑好、影响大的地理标志农产品品牌，为地理标志提供了专门保护依据；强调要加强地理标志国际交流合作，积极落实中欧地理标志保护与合作协定、中法地理标志合作议定书、中泰地理标志保护协议等，推动与更多国家开展地理标志国际互认互保谈判磋商。2022 年，国家发展改革委、工业和信息化部、农业农村部等七部门印发《国家发展改革委等部门关于新时代推进品牌建设的指导意见》，提出以深化供给侧结构性改革为主线，以满足人民群众日益增长的美好生活需要为根本目的，坚持质量第一、创新引领，开展中国品牌创建行动。为适应新时代新要求，进一步引导企业加强品牌建设，进一步拓展重点领域品牌，持续扩大品牌消费，营造品牌发展良好环境，促进质量变革和质量提升，文件明确了新时代农业品牌打造目标任务，提出区域公用品牌、企业品牌和产品品牌的建设路径，并根据新形势、新任务提出围绕休闲农业、乡村服务业等，打造一批新型农业服务品牌。

（四）农业品牌政策的实践效果

在党中央、国务院的坚强领导下，在各级政府部门、行业协会和市场主体的积极探索与共同推动下，农业品牌建设取得积极进展，政策体系逐步完善，品牌数量显著增多，品牌溢价效应逐步显现，品牌影响力持续提升，品牌对加快农业农村现代化，全面推进乡村振兴的作用日益凸显。

1. 品牌对引领产业高质量发展发挥积极作用

农业品牌是推动农业特色产业的重要引领和有效抓手。近年来，各地按照“打造一个品牌、带活一个产业、富裕一方农民”的思路，依托资源优势，突出规划引领，统筹推进品牌工作，带动特色产业快速发展。河南省按照“112”品牌建设思路，构建“国家级和省级区域公用品牌＋县区域公用品牌＋企业品牌和产品品牌”金字塔式品牌发展体系。其中，信阳毛尖区域公用品牌已孵化出 2 个国家级龙头企业和 26 个省级龙头企业，带动河南省茶产业链提档升级；灵宝苹果采取“区域公用品牌＋企业品牌”母子品牌联动模式，带动 53 家大中型果品企业共同推动区域公用品牌快速发展，2021 年产业化集群总产值达 207 亿元。云南省打造世界一流“绿色食品牌”，构建云茶、云花、云咖、云果、云菜、云畜、云药、云菌等“云系”特色品牌，引领高原特色农业高质量发展。陕西省围绕粮食、苹果等10个农业主导产业建立现代农业产业链“链长制”，以打造区域公用品牌建设为重点，培育壮大农业产业化龙头企业，打造农业品牌建设高地。贵州省大力实施黔茶品牌战略，以“都匀毛尖”“湄潭翠芽”“绿宝石”“遵义红”为重点品牌，加快贵州茶产业集聚发展，推动从“茶叶面积大省”向“茶叶品牌大省”的转型升级。黑龙江省实施品牌强稻战略，创新举办国际大米节，搭建国际化稻米产业交流合作平台，引领黑龙江稻米特色产业高质量发展。青海省实施牦牛青稞产业发展三年计划，通过资金投入、政策引导、产业链打造等综合措施，推动牦牛和青稞产业品牌建设。西藏自治区打造藏东北牦牛、藏中奶牛、藏中优质粮油、藏香猪等七区七带特色农牧业产业格局，形成一批“藏字号”现代农牧业品牌。

2. 品牌为保障粮食安全和重要农产品供给提供有力支撑

品牌建设是实现产品溢价的关键，在引领提高种粮农民合理收益、激发种养积极性方面发挥重要作用，对促进提高农业综合产能、更好地保障重要农产品供给提供有力支撑。近年来，各地加大粮食品牌培育力度，结合粮食生产功能区、重要农产品生产保护区以及现代农业产业园等园区建设，积极培育粮棉油、肉蛋奶等大宗农产品品牌，五常大米、九三大豆、定西马铃薯、敖汉小米等46个粮食区域公用品牌纳入中国农业品牌目录，五常大米、射阳大米、定西马铃薯、万全鲜食玉米等10个粮食区域公用品牌纳入首批农业品牌精品培育计划。2021年粮食品牌在大型电商品牌的销售额增长约15%，品牌溢价超过三成，品牌稳粮增收效益得到充分体现，为实现农民增收和粮食增产同步发展发挥积极作用。

3. 品牌对促进农民增收致富作用明显

各地持续加大脱贫地区农业品牌打造力度，将品牌帮扶作为品牌建设的重要内容，不断提升脱贫地区农业品牌认知度和影响力，助力贫困地区实现从“卖资源”到“卖品牌”。恩施玉露、柞水木耳、雷波脐橙、井冈蜜柚、临夏牛羊肉、怒江松茸、凉山苦荞等一批农业品牌崭露头角，有力助推了脱贫地区产业提质增效和农民增收，增强了脱贫地区和脱贫群众内

1983 年

1983 年《中华人民共和国商标法》实施。

1983 年，农牧渔业部科技司成立质量标准处，我国农产品质量安全管理工作恢复起步。

1986 年

1986 年，农业部组建优质农产品开发服务中心，致力发展名特优新稀农产品。

1990 年

1990 年，农业部实施绿色食品工程。

1992 年

1992 年，邓小平同志视察珠海时提出我们应该有自己的拳头产品，创出我们中国自己的名牌。

1992 年，农业部成立中国绿色食品发展中心，绿色食品认证进入探索发展阶段。

1994 年

1994 年，我国将地理标志纳入《商标法》保护范畴。

1994 年，农业部成立市场与经济信息司，设立流通政策处。

1996 年

1996 年，《质量振兴纲要（1996—2010 年）》明确提出实施名牌战略，振兴民族工业。

1998 年

1998 年，经国务院批准，农业部主要职能包括引导农业产品结构的合理调整、农业资源的合理配置和产品品质的改善。

2000 年

2000 年，农业部市场与经济信息司设立质量技术监督处。

2001 年

2001 年，中央一号文件提出建立健全认证、标识和公示制度，尽快使优质、安全的农产品形成品牌。

2001 年，国务院批准建立中国名牌战略推进委员会，推动实施名牌战略。

2005 年

2005 年，中央一号文件首次提出农产品品牌，强调整合特色农产品品牌，支持做大做强名牌产品。

2006 年

2006 年，中央次提出保护农产品

2006 年，农业于进一步推进农作的意见》，农业在文件中被明确

2020 年

2020 年，农业农村部指导举办中国农业品牌政策研讨会发展报告》。

2020年5月，习近平总书记山西考察时提出，要立足本地把大同黄花做成全国知名品牌，让乡亲们富而忘忧。

2020 年 6 月，习近平总书记在宁夏考察时强调，宁夏要河滩区治理、加强生态恢复结合起来，提高技术水平，增加打造自己的知名品牌，提高附加值和综合效益。

2020 年 12 月，习近平总书记在中央农村工作会议上指结构性改革，推动品种培优、品质提升、品牌打造和标准化

2021 年

2021 年，农业农村部印发《关于落实党中央、国务院 2021 年农业农村重点工作部署的实施意强化农产品质量安全，推进品种培优、品质提升、品牌打造和标准化生产。

2021 年 3 月，习近平总书记参加全国两会内蒙古代表团审议指出，发展优势特色产业，发展营，促进农牧业产业化、品牌化，并同发展文化旅游、乡村旅游结合起来，增加农牧民收入。

2021 年 3 月，习近平总书记在福建考察时提出，要统筹做好茶文化、茶产业、茶科技这篇大绿色发展方向，强化品牌意识，优化营销流通环境，打牢乡村振兴的产业基础。

2022 年

2022 年，农业农村部印发《关于落实党中央、国务院 2022 年农业农村重点工作部署的实施意见》，提出深入推进农业“三品一标”提升行动，开展脱贫农业品牌公益帮扶。

2022 年，农业农村部办公厅印发《农业品牌精品培育计划（2022—2025 年）》。

2022 年，国家发展改革委等部门印发《关于新时代推进品牌建设的指导意见》，明确新时代农业品牌打造目标任务。

2022 年 12 月，习近平总书记在中央农村工作会议上提出，产业振兴是乡村振兴的重中之重，要落实产业帮扶政策，做好“土特产”文章，向一二三产业融合发展要效益，强龙头、补链条、兴业态、树品牌，推动乡村产业全链条升级，增强市场竞争力和可持续发展能力。

2023 年

2023 年，中共中央、国务院印发《质量强国建设纲要》，明确提出完善品牌培育发展机制，开展中国品牌创建行动。

2023 年，中央一号文件提出支持脱贫地区打造区域公用品牌。

2023 年，农业农村部办公厅印发《支持脱贫地区打造区域公用品牌实施方案（2023-2025 年）》。

牌政策发展脉络图

一号文件首
知名品牌。
部印发《关
业品牌化工
品牌化概念
出。

2008 年

2008 年，农业部主要职能包括培育、保护和发展农产品品牌，由农业部市场与经济信息司负责，设立市场流通处具体承担。

2012 年

2012 年，党的十八大提出把推动发展的立足点转到提高质量和效益上来。

2012 年 12 月，习近平总书记在广东考察时强调，全方位推进科技创新、企业创新、产品创新、市场创新、品牌创新，加快科技成果向现实生产力转化，推动科技和经济紧密结合。

2014 年

2014 年 5 月，习近平总书记在河南考察时提出，推动“三个转变”，即推动中国制造向中国创造转变、中国速度向中国质量转变、中国产品向中国品牌转变。

2014年6月，习近平总书记在中国科学院第十七次院士大会、中国工程院第十二次院士大会上指出，要着力以科技创新为核心，全方位推进产品创新、品牌创新、产业组织创新、商业模式创新，把创新驱动发展战略落实到现代化建设整个进程和各个方面。

2014 年，农业部市场与经济信息司市场流通处更名为流通促进处，负责承担培育、保护和发展农产品品牌有关工作，承担组织开展农产品营销促销，促进产销衔接。

2007 年

2007 年，党的十七大报告提出加快培育国际知名品牌。

2007 年，中央一号文件提出依法保护农产品注册商标、地理标志和知名品牌。

2010 年

2010 年，农业部印发《关于推进农业品牌工作的通知》，农业品牌概念在文件中被明确提出。

2013 年

2013 年 12 月，习近平总书记在中央农村工作会议上提出，大力培育食品品牌，让品牌保证人民对产品质量的信心。

2013 年 4 月，习近平总书记在海南调研时指出，推动传统农业向标准化、品牌化、产业化的现代农业转型升级，做强做精做优热带特色农业，使热带特色农业真正成为优势产业和海南经济的一张王牌。

2013 年 7 月，习近平总书记在湖北调研时指出，研发生产我们自己的品牌产品，形成我们自己的核心竞争力。

2013 年 11 月，习近平总书记在湖南考察时指出，不断推进科技创新、管理创新、产品创新、市场创新、品牌创新。

2015 年

2015 年 7 月 16 日，习近平总书记在吉林考察时指出，粮食也要打出品牌，这样价格好、效益好。

首次发布《中国农业品牌
实际，大力发展特色产业，
把发展葡萄酒产业同加强黄
文化内涵，加强宣传推介，
，要深入推进农业供给侧
生产。

2018 年

2018 年，农业农村部印发《关于大力实施乡村振兴战略加快推进农业转型升级的意见》，提出坚定不移推进质量兴农、品牌强农，提高农业绿色化、优质化、特色化、品牌化水平。

2018 年 4 月，习近平总书记在庆祝海南建省办经济特区 30 周年大会上的讲话中指出，要实施乡村振兴战略，发挥热带地区气候优势，做强做优热带特色高效农业，打造国家热带现代农业基地，进一步打响海南热带农产品品牌。

2018 年，农业农村部印发《农业农村部关于加快推进品牌强农的意见》。

2018 年，农业农村部市场与信息化司流通促进处更名为品牌与流通促进处。

2016 年

2016 年，国务院办公厅印发《关于发挥品牌引领作用推动供需结构升级的意见》强调，品牌是企业乃至国家竞争力的综合体现，代表着供给结构和需求结构的升级方向，明确提出农业品牌建设任务。

2016 年，农业部印发《关于扎实做好 2016 年农业农村经济工作的意见》首次提出实施农业品牌战略，强调要加强品牌培育塑造和营销推介，推动实现优质优价。开展主食加工和农产品加工质量品牌提升行动。

2016 年 12 月，习近平总书记在中央经济工作会议指出，要把增加绿色优质农产品供给放在突出位置，狠抓农产品标准化生产、品牌创建、质量安全监管，推动优胜劣汰、质量兴农。

2016 年 12 月，习近平总书记在中央财经领导小组第十四次会议上指出，引导企业突出主业、降低成本、提高效率，形成自己独有的比较优势，发扬“工匠精神”，加强品牌建设，培育更多“百年老店”，增强产品竞争力。

见》，提出
度规模经
章，坚持

2019 年

2019 年，中央一号文件提出强化农产品地理标志和商标保护，创响一批“土字号”“乡字号”特色产品品牌。

2019 年，《中央农村工作领导小组办公室 农业农村部关于做好 2019 年农业农村工作的实施意见》提出，深入推进品牌强农，加强农业品牌创建、培育和保护，实施中国农业品牌目录制度。

2019 年 5 月，习近平总书记在江西考察时提出，扩大高水平开放，把握机遇积极参与“一带一路”国际合作，推动优质产能和装备走向世界大舞台、国际大市场，把品牌和技术打出去。

2017 年

2017 年，中央一号文件首次提出推进区域农产品公用品牌建设。

2017 年，国务院将每年 5 月 10 日设立为“中国品牌日”。

2017 年，农业部印发《关于推进农业供给侧结构性改革的实施意见》，提出将 2017 年确定为“农业品牌推进年”。

2017 年 1 月，习近平总书记考察张家口市时强调，企业的品牌信誉非常重要，是一个不断积累的过程，既要有高标准，又要每一步都脚踏实地，努力让品牌深入人心、赢得市场。

生发展动力，脱贫地区品牌平均溢价超过20%。

4. 品牌为促进农村消费提供强劲动力

品牌是创造消费促进消费的重要力量。近年来，我国农业品牌数量快速增长，展会品牌蓬勃发展，品牌美誉度忠诚度持续提升，农业品牌对促进农村消费提质扩容作用日益明显。目前全国省级农业农村部门重点培育的农产品区域公用品牌约3000个。据中国农业品牌目录300个农产品区域公用品牌监测统计数据显示，近五年品牌农产品消费好评整体呈上升趋势，复购订单总量逐年增长，品牌农产品消费持续提升，成交额逐年增加，销售额排名前十的农产品区域公用品牌近四年复购率维持在40%以上，品牌农产品电商平台消费人次平均增幅超过30%。此外，经过十几年的培育和发展，中国国际农产品交易会、中国国际茶叶博览会、中国国际渔业博览会、中国畜牧业博览会等一批国际化、专业化、品牌化的农业会展脱颖而出，对推动农业贸易与合作、促进品牌农产品市场消费发挥了积极作用。

二、省级政府部门农业品牌政策分析

各省级政府部门贯彻落实党中央、国务院决策部署，按照有关部门的总体安排，根据地域特色和产业发展实际，系统谋划，统筹推进，出台了一系列农业品牌政策文件，成为我国农业品牌政策的重要组成部分，对指导地方农业品牌打造、引领农业高质量发展发挥了重要作用。

本报告共收集并整理分析了157份省级政府部门出台的涉及农业品牌的政策文件。总体来看，2012年以前，在农业品牌起步和摸索阶段，相关政策文件较少。2012年以来，各级政府部门推动农业品牌建设意识逐渐增强，相关政策措施逐步出台，内容主要涉及质量认证、商标注册、品牌保护等。特别是2017年以后，我国农业品牌建设进入快速发展阶段，省级政府部门以品牌强农为目标，系统谋划政策措施，统筹制定省域农业品牌发展规划和指导意见，制定具体行动方案，对推动全域农业品牌打造提供了方向引领和行动指南。这一阶段，省级政府部门农业品牌政策密集出台，内容不断扩展，政策措施更趋务实，针对性和可操作性明显增强。

（一）省级农业品牌政策着力点

1. 机制建立

各地政府部门相继建立推动农业品牌建设工作机制，成立由省级人民政府或省级农业农村部门牵头的农业品牌工作领导小组或联席会议等，并将农业品牌工作纳入政府考核任务，统筹推进农业品牌建设。《湖南省人民政府办公厅关于进一步加快推进农产品品牌建设的指导意见》（2017年）提出，省县域经济工作领导小组具体负责全省农产品品牌建设工作的组织、协调、督查工作。各有关部门要按照职责分工共同推进农产品品牌建设工作。各市州、县市区人民政府要将农产品品牌建设工作纳入重要工作日程，明确农产品品牌发展目标，制定年度工作方案，建立和完善工作协调机制，定期研究部署本市县农产品品牌发展工作。《福建省人民政府办公厅关于加快推进品牌农业建设七条措施的通知》（2017 年）提出，建立由省农业厅负责召集、省直有关部门参加的联席会议制度，整合各部门有关资金和资源，统筹协调全省品牌农业建设工作。省直有关部门要各司其职，分工协作，形成合力，构建“政府引导、企业和农民主体、市场运作”的品牌农业工作机制。各市、县（区）人民政府要将品牌农业建设纳入重要议事日程，明确牵头单位，完善工作机制，统筹推进品牌农业建设，促进品牌农业加快发展。《吉林省人民政府办公厅关于打造吉林区域品牌推动高质量发展的实施意见》（2021 年）提出，成立由农业农村厅主要领导任组长的工作领导组，并将区域品牌建设工作纳入质量强省工作考核，加强对品牌创建工作的组织、领导、协调和推进。《广西壮族自治区农业厅关于加快推进广西农业品牌建设的指导意见》（2018 年）中提出，推动建立政府主导，农业部门牵头，发改、财政、工商、质监、商务、林业、水产等有关部门参加的联席会议推进机制，制定实施方案，明确发展目标，协调、统筹农业品牌建设工作。《海南省人民政府关于加快推进品牌农业发展的意见》（2013 年）提出，成立专门的领导小组，领导小组办公室设在省农业厅，负责组织协调和统筹全省品牌农业日常工作，每年召开一次全省品牌农业推进会。各有关部门要在省（市、县）品牌农业工作领导小组的统一领导下，各司其职，分工协作，形成合力，构建“政府推动、企业主动、市场拉动”的良性互动格局，共同促进品牌农业发展。《浙江省市场监督管理局 浙江省农业农村厅关于进一步加强“品字标浙江农产”品牌建设工作的通知》（2022 年）提出，省市场监管局、省农业农村厅具体负责全省“品字标浙江农产”公共品牌建设工作的组织、协调、督查，将“品字标浙江农产”公共品牌建设纳入对各市质量工作及乡村振兴工作考核内容。各市、县（市、区）市场监管、农业农村部门要高度重视“品字标浙江农产”品牌建设工作，按照职责分工建立和完善工作协调推进机制，明确发展目标，制定年度工作方案，定期研究部署推进品牌建设，积极构建“政府推动、部门联动、企业主动、社会参与”的“品字标”区域品牌建设长效机制；要求各地将“品字标浙江农产”品牌建设工作与地理标志富农集成改革、山区 26 县跨越式高质量发展、农耕文化保护与传承、乡村振兴战略实施等有关工作有机融合，推动综合效益持续提升。《辽宁省农业农村厅办公室关于开展辽宁农业品牌建设年的通知》（2022 年）提出，成立辽宁省农业品牌建设领导小组，由省农业农村厅主要领导任组长、分管领导任副组长，下设领导小组办公室，办公室设在市场与信息化处；要求各市将农业品牌建设工作纳入重要工作日程，将农业品牌建设纳入政府绩效目标考核内容，明确部门责任和目标任务，形成工作推进的时间表、路线图，制定推进措施，抓好农业品牌督导，确保农业品牌建设工作落到实处。

2. 财政支持

各地政府部门加强财政投入，建立激励机制，不断加大对农业品牌建设支持力度。上海、海南、山东、江西、云南、内蒙古等地印发的推动农业品牌建设实施意见均提出加大财政投入，加强涉农资金整合，支持农业品牌打造，支持和奖励方向包括商标注册、产品认证、质量提升、营销推广等多个重点环节。其中，《海南省人民政府关于加快推进品牌农业发展的意见》（2013 年）提出，每年设立 1 亿元品牌农业发展专项资金，对首次获得中国驰名商标、国家地理标志证明商标、国家地理标志保护产品以及省著名商标和省名牌产品的农产品经营主体给予奖励。《云南省人民政府关于创建“一县一业”示范县加快打造世界一流“绿色食品牌”的指导意见》（2019 年）提出，省财政对纳入“一县一业”示范县创建名单的 20 个县、市、区，每县每年安排创建补助资金 3000 万元，补助包括品牌打造在内的多个重点环节。《山东省农业厅关于做好近期品牌宣传推广工作的通知》（2018 年）提出，自 2018 年开始在全省范围内建立农产品品牌基地，每个品牌基地补助 15 万元用于品牌塑造、宣传营销、质量提升等。《内蒙古自治区人民政府办公厅关于印发农畜产品区域公用品牌建设三年行动方案（2021—2023 年）的通知》（2021 年）提出，要将农畜产品区域公用品牌建设资金列入财政预算，统筹各类资金，集中力量支持农畜产品区域公用品牌建设的重点区域和关键环节，采取多种形式加大对农畜产品区域公用品牌的扶持力度。江苏省农业农村厅牵头签订《农业品牌项目全面合作协议》（2021 年），专门开发“农业品牌贷”，探索发放以品牌为基础的商标权和专利权等质押贷款，利率优惠无还本续贷等措施，年融资规模达 10 亿元，担保金额突破 1 亿元。

3. 品质提升

各地政府部门以农产品品质提升为着力点，聚焦品种培优、标准建设、质量监管等关键环节，不断夯实品牌发展根基。《江西省人民政府办公厅关于加快推进绿色食品产业链高质量发展的指导意见》（2020 年）提出，重点培育江西大米、鄱阳湖水产、赣南脐橙、“四绿一红”茶叶等区域公用品牌，支持骨干企业打造自主品牌；加大优质种源供应，加强农业种质资源保护与利用，加快江西省农作物种质资源库建设，强化种业科技创新，培育一批水稻绿色新品种；鼓励支持企业通过投资并购等方式打造具有一定规模的种业公司，加大种业企业与国内专业院校和科研院所合作力度，进一步提升企业自主研发能力，提高种业技术应用成果转化率。《湖北省农业农村厅印发农产品品牌三年培育方案的通知》（2019 年）提出，围绕产业发展，健全农业标准体系，逐步形成一整套品牌农产品从田间到餐桌的全程质量控制标准体系；加强农产品标准化基地建设，实行市、县（区）、乡镇三级追溯管理，引导农产品品牌企业利用电子信息技术建立物联网质量追溯系统，推行农产品条形码制度，逐步实现主要农产品从田间到餐桌全程可追溯管理。《甘肃省人民政府办公厅关于进一步加强两个“三品一标”建设打造“甘味”知名农产品品牌的实施方案（2019—2023 年）》（2019 年）提出，紧紧围绕“牛羊菜果薯药”六大特色产业和“独一份”“特别特”“好中优”“错峰头”特色优势农产品，以两个“三品一标”为抓手，建设绿色化、优质化、特色化、标准化生产基地，逐步完善特色农产品质量安全追溯体系，大力推进农业全程标准化生产，不断提升农产品质量水平。《内蒙古自治区人民政府办公厅关于印发内蒙古自治区“十三五”品牌发展规划的通知》（2016 年）提出，实施农畜牧业提质增效工程，提高基础母畜种群数量和个体产量，支持发展高端农畜产品，做强科尔沁肉牛和锡林郭勒、呼伦贝尔、巴彦淖尔肉羊、乌兰察布马铃薯等地域优势品牌。2021—2022 年，天津、山西、贵州、云南、甘肃等相继制定农业生产“三品一标”提升行动工作方案，四川、安徽、内蒙古、江西、吉林、陕西、黑龙江等出台农业品牌行动计划、发展规划等政策文件，均提出开展质量提升行动，加强技术创新和质量升级，推动特色农产品向品牌农产品转变，久久为功，促进品牌建设高质量可持续发展。

4. 科技创新

各地政府部门不断加强科技投入，推动科技创新，促进技术迭代和质量升级，为品牌创新发展提供有力支撑。《云南省“十四五”打造世界一流“绿色食品牌”发展规划》（2021 年）提出，实施科技创新体系工程，通过打造科技平台、创新支撑机制、实施示范引领，形成产业发展的全新驱动。到 2025 年，全省布局现代农业产业技术创新平台 10 个左右，培育新品种 150 个，形成新技术 50 项、新产品 50 个、新工艺 50 项，制定推广绿色生产技术标准 50 个，全面提升产业核心竞争力。《湖南省人民政府办公厅关于进一步加快推进农产品品牌建设的指导意见》（2017 年）提出，引导新型农业经营主体强化品牌意识，运用品牌理念推进农业标准化生产和科技创新，支持有实力的农业企业建立研发中心、实验室，加强与高等院校、科研院所合作，开展农业共性关键技术攻关，力争研发一批拥有自主知识产权的新技术、新产品，着力打造一批品质优、科技含量高、市场竞争力强的“湘”字号农产品品牌。《四川省人民政府办公厅关于加强农产品品牌建设的意见》（2017 年）和《四川省农业农村厅关于进一步加强“川字号”农产品品牌培育创建工作的通知》（2021 年）两个文件均提出，鼓励农产品品牌企业加强科技创新，开展技术改造，引进先进设备和技术，提高加工能力，扩大精深加工农产品比重，延长产业链条，打造企业自主品牌。《安徽省人民政府办公厅关于“食安安徽”品牌建设的实施意见》（2021 年）提出，提升品牌科技内涵，建立和完善科技创新机制，统筹省科技重大专项和省重点研发计划等资金，采取“政产学研用金”联合方式，建设一批公共研发、设计和服务平台，推动食品企业自主创新。《青海省农牧厅关于加快推进农畜产品品牌建设实施意见》（2018年）提出，引导企业与高校、科研院所、高科技企业实施战略性合作，鼓励和支持龙头企业建立研发中心、实验室和科技成果转化基地；推动新品种培育和配套标准化技术的集成推广应用，着力突破种质优化、种植标准、适于采收、风味保鲜、规模养殖、产地环境保护等关键技术，全面提升农畜产品品牌的科技含量，科技成果转化率达到30%以上。天津、山西、云南等地相继出台《农业生产“三品一标”提升行动实施方案》，均提出把科技创新作为第一动力，充分发挥市场在资源配置中的决定性作用，激活要素、激活市场、激活主体，引导资源要素向品种选优、品质提升、品牌打造集聚，推进育种创新，加强投入品使用、产品生产、加工储运等全产业链技术创新。

5. 文化赋能

部分省级政府部门在制定农业品牌政策中，强调品牌文化建设的重要性，提出要把中华文化要素融入农业品牌打造，深度挖掘中华老字号文化、非物质文化遗产、节庆文化精髓，彰显农业品牌文化特色。《上海市农业农村委员会关于印发市委农办 市农委实施全力打响“四大品牌”的三年行动计划（2018—2020年）的通知》（2018年）提出，打响农业农村“上海文化”品牌，继承和弘扬郊区农村乡土文化，充分挖掘具有农耕特质、民族特色、江南地域特点的文化遗产，传承民间艺术、手工技艺、民俗活动等非物质文化遗产。到2020年，江南农耕文化品牌、农村红色文化品牌全面打响，实现对嘉定竹刻、徐行草编、金山农民画、三林舞龙、柘林滚灯等农业物质和非物质文化遗产的保护和提升。《黑龙江省十二部门联合印发黑龙江省品牌农业建设实施方案的通知》（2022年）提出，实施品牌孵化培育工程，统筹农产品品牌设计，有计划支持区域公用品牌发展，赋予品牌自然生态、历史传说、文化传承等丰富内涵，每个品牌形成明确的产品分析、市场定位、创意设计、品牌形象；强调要挖掘全省农产品品牌的历史文化内涵，大力发展创意农业，增加农产品文化含量。《广东省农业农村厅印发关于加快推进“粤字号”品牌强农实施意见的通知》（2018年）提出，统筹资源加大“粤字号”农业品牌宣传，充分运用媒体渠道宣传农业品牌文化、品牌故事、品牌人物，并适时组织境外“粤字号”品牌宣传推广。《重庆市人民政府办公厅关于印发发挥品牌引领作用推动供需结构升级实施方案的通知》（2016 年）提出，推动火锅底料、烹饪调料、休闲食品等特色饮食文化产品标准化、规模化、品牌化发展，弘扬“重庆味道”品牌文化。《山西省人民政府办公厅关于印发“山西小米”品牌建设三年发展规划的通知》（2018 年）提出，推进“山西小米”品牌文化建设，开展“山西小米”历史源流研究，组织专家团队开展“山西小米”起源与传播、历史与人文、品种与分布、功能与价值等方面研究，从农耕文明、红色历史、传统旱作、制作工艺、养生保健、人文情怀等多方面多角度多层次挖掘小米文化，讲好“山西小米”品牌故事，提升品牌价值，丰富品牌内涵。

6. 品牌营销

各地政府部门高度重视品牌营销，将其作为品牌打造的重要环节在政策文件中予以强调，组织开展产销对接、展会推介、主播带货等活动，推动传统营销模式和电子商务的深度融合，为促进品牌渠道优化、促进品牌市场消费、提高品牌竞争力影响力发挥了积极作用。《省农业农村厅等九部门关于印发贵州省〈2022 年农产品质量品牌提升行动方案〉的通知》（2022 年）提出，用好产地集散市场和电商平台开展品牌营销，发挥中国辣椒城、中国茶城等产地批发市场作用，促进农产品集散流通，加强农业品牌主体与商贸流通主流渠道对接，推动“贵”字号农业品牌进学校、进机关、进军营、进商超、进餐企、进网络、进景区，搭建产销对接平台；提升脱贫地区农副产品销售平台营运能力，用好阿里巴巴、一码贵州、多彩宝、贵州电商云等电商平台，推荐品牌农产品入驻，开设农产品特色馆、精品店，打造一批贵州农产品电商品牌；拓展贵州农业品牌搜索引擎推广功能，完善相关品牌词条检索技术配套服务，扩大营销覆盖面。《广西壮族自治区农业厅关于加快推进广西农业品牌建设的指导意见》（2018 年）提出，鼓励农业龙头企业等新型经营主体参加“一内一外”广西农产品交易会、中国国际农产品交易会、中国国际茶叶博览会、中国—东盟博览会农业展、中国荔枝龙眼产销对接会等农业展会；利用本区域、本行业的各类展会，加大对品牌农产品的宣传推介。《陕西省农业厅关于开展陕西农产品“三年百市”品牌营销行动的意见》（2018 年）提出，通过自主承办综合性大型展会、搭载国内外大型展会、联办协办大型展会等持续推介品牌农产品。《甘肃省人民政府办公厅关于进一步加强两个“三品一标”建设打造“甘味”知名农产品品牌的实施方案（2019—2023 年）的通知》（2019 年）提出，组织各级各类经销商队伍抱团出省，开展多种形式的农产品产销对接活动，主动对接珠三角、长三角、京津、成渝等大终端市场，积极开拓南亚、西亚及欧盟等国外市场。《河北省农业厅 河北省发展改革委关于印发 2020 年农产品“河北品牌”建设工作方案的通知》（2020 年）提出，加强消费人群、习惯、水平、地域差异研究，调研省外市场，实施供应链打造行动、农业展会靓牌行动、河北品牌“走出去”行动等，推动产销精准对接，建立稳定购销关系，增强河北品牌竞争力。《新疆维吾尔自治区党委农办印发关于加快推进品牌强农的实施意见的通知》（2022 年）提出，积极开展农产品季节性航空、铁路专线、专列和组合班列；支持品牌主体在援疆省市布局建设品牌农产品线上线下营销渠道，运用“三微一端”等新媒体进一步强化产销对接；北京、上海、广州的新疆名优特农产品展销展示活动，要优先组织品牌企业和品牌农产品组团参展；开展销区采购商、产地经纪人和职业农民队伍建设，举办农产品产销对接活动，推动建立长期稳定的产销关系。《西藏自治区人民政府办公厅关于印发完善促进消费体制机制实施方案（2018- 2020 年）的通知》（2018 年）提出，扩大地产产品消费，进一步扩大青稞系列食饮品、牦牛系列畜产品、西藏好水等特色品牌产品区内消费；举办地产产品“进工地”“进机关”“进学校”“进部队”“进企业”“进超市”专项对接洽谈，全面提升地产产品市场竞争力和消费带动力。

7. 海外推广

部分地方政府部门推进品牌国际化战略，走出去、请进来，积极组织农业企业参加国际展会等活动，支持品牌主体拓展国际市场，扩大品牌国际影响。《四川省人民政府办公厅关于加强农产品品牌建设的意见》（2017 年）提出，扶持出口食品农产品质量安全示范区企业实施品牌国际化战略，加大四川品牌农产品生产企业对外官方注册力度，充分发挥出口食品农产品质量安全示范区和“三同”工程品牌的示范带动作用，扩大国内国际影响力和竞争力，促进老品牌做大做强。《湖南省发展和改革委员会关于印发“十四五”品牌发展规划的通知》（2021 年）提出，积极参与中国—东盟框架合作、中国—中南半岛、孟中印缅、中巴等国际经济走廊建设，抢抓中非合作新机遇，用好中非经贸博览会、中非经贸深度合作先行区，依托中欧班列、知名展会等载体，策划开展湖南品牌全球推介活动，推动优势产品行销海外。《湖北省农业农村厅关于印发湖北省农产品品牌三年培育方案的通知》（2019 年）提出，支持有条件的农业企业“走出去”，引导企业参加国际知名展会，建立境外展示展销中心，在重要节点国家和地区开展巡展推介。《云南省“十四五”打造世界一流“绿色食品牌”发展规划（2021—2025 年）》（2021 年）提出，鼓励和引导茶叶企业积极扩展南亚东南亚市场，稳步开拓欧美市场，积极参与国际竞争。《重庆市人民政府办公厅关于深入实施商标品牌战略建设商标品牌强市的意见》（2018 年）提出，推进商标品牌国际化建设，支持企业通过马德里商标国际注册等途径加强商标海外布局规划，拓展商标海外布局渠道，同时鼓励企业参与“一带一路”沿线国家和地区商标品牌合作项目、中新（重庆）战略性互联互通示范项目，鼓励企业持自主商标品牌拓展国际营销渠道，扩大品牌国际影响。《云南省人民政府办公厅关于加快培育国际自主品牌的实施意见》（2018 年）提出，鼓励企业加大自主出口品牌产品研发，提高自主出口品牌产品科技含量和附加值，帮助企业搭建品牌推广平台和拓展营销渠道，推动企业联手在美国、欧洲、东南亚、中东等国家和地区开展品牌推广。《福建省农业农村厅关于印发“福农优品”农业品牌精品培育提升行动方案的通知》（2022 年）提出，促进优势农产品出口，每年创建 40 个农业国际贸易高质量发展基地，不断提升出口农产品品质和国际化、标准化、品牌化水平；每年支持 150 家农产品生产、加工、贸易企业参加线上线下国际知名专业展会，开展宣传推介活动，巩固传统出口市场，重点拓展 RCEP 市场；深化“闽茶海丝行”活动，发挥境外闽茶文化推广中心作用，加大茶叶品牌境外推广力度。

8. 管理保护

各地政府部门将品牌培育和品牌保护并重，开展品牌目录制度建设，支持品牌主体运用专利、商标、地理标志等手段开展品牌保护，打击假冒伪劣，保护市场主体，为农业品牌健康有序发展提供保障。《河南省农业厅关于印发大力推进农业品牌化工作实施方案的通知》（2006 年）提出，各省辖市要研究制定鼓励支持农产品商标注册政策，不断增强企业、农民专业合作经济组织、经纪人、农户等生产经营主体的商标意识，要特别重视拥有自主知识产权和具有河南特色的农产品的商标注册工作，防止商标的恶意抢注和侵权行为。《天津市农业农村委员会关于加快推进农产品品牌建设的实施方案的通知》（2016 年）提出，加强农产品品牌的商标注册、使用和保护情况的跟踪；加强对农产品品牌商标、专利等知识产权的保护，严厉打击侵犯农产品品牌知识产权违法行为，形成品牌发展的保护机制。《宁夏回族自治区人民政府办公厅关于加快推进宁夏特色优质农产品品牌建设的意见》（2017 年）提出，引导农产品区域公用品牌主体进行国内外地理标志、集体商标、证明商标注册和版权登记，取得产权保护、授权、指导企业规范使用地理标志、集体商标或证明商标。《广西壮族自治区人民政府办公厅关于印发实施商标品牌强桂战略三年行动计划（2018—2020 年）的通知》（2018 年）提出，义务帮扶深度贫困县、深度贫困乡镇和深度贫困村的农民专业合作社、涉农企业和其他涉农经济组织注册农产品普通商标或办理商标异议、商标维权等事务；支持特色小镇企业或组织申请商标注册，推动小镇产业集群发展区域公共品牌。《云南省“十四五”打造世界一流“绿色食品牌”发展规划（2021—2025 年）》（2021 年）提出，坚持“大产业＋新主体＋新平台”的总体思路，将云南打造成以南亚东南亚为重点市场的世界优质蔬菜产区、面向南亚东南亚的水果贸易中心和亚洲最具影响力的咖啡交易中心。《广西壮族自治区人民政府关于深入实施商标品牌战略的意见》（2016 年）提出，大力培育影响力大的自主创新品牌企业，支持优势企业“走出去”拓展国际市场，鼓励有条件的企业开展商标国际注册、收购国际品牌，促进品牌国际化。《浙江省农业农村厅关于印发农产品地理标志提升发展三年行动计划（2020—

2022年）的通知》(2020年)提出，坚持把发展地理标志农产品、绿色食品纳入乡村产业发展工作统筹安排；各地要加大农产品地理标志登记保护、绿色食品认定以及质量监管等工作投入力度，支持创建一批地理标志农产品保护工程；建立健全绿色优质农产品政策激励机制，加大对新获证农产品地理标志及绿色食品新认定、续展主体等资金扶持力度，鼓励引导各类生产主体长期稳定从事绿色优质农产品生产。

（二）省级农业品牌政策特点

总体来看，省级政府部门制定的农业品牌政策文件导向清晰，目标明确，措施具有较强的针对性和可操作性。政策文件多以推动农业高质量发展为宗旨，以提升产业质量效益和竞争力为目标，聚焦主导产业，打造农业品牌，将夯实产业基础作为农业品牌建设的根本，将品牌打造作为引领农业产业高质量发展的重要引擎，产业发展政策和品牌政策深度融合。一些政策文件对品牌打造的关键环节提出明确的推进策略和工作措施，涉及质量、科技、文化、营销、保护等方面，特别是针对本辖区品牌打造重点难点问题，提出针对性措施，提供可行性发展路径，为推动农业品牌创新发展提供了较为系统的政策支持。

从文件类别来看，省级政府部门出台的农业品牌政策文件主要包括指导意见、发展规划、实施方案、行动计划等，指导意见类、发展规划类文件具有较强的宏观指导性，明确提出本辖区农业品牌建设的指导思想、基本原则和目标任务；实施方案类和行动计划类文件坚持问题导向，任务具体，分工明确，具有较强的可操作性。

从文件内容来看，包括支持全域农业品牌发展的综合性政策文件和支持单品类区域公用品牌建设的专项类政策文件，多提出量化指标，如明确阶段性品牌培育数量、品牌产品生产和销售总额、品牌集群产值等，建立协同推进机制，明确时间节点，确保重点任务有效落实。

与此同时，部分政策文件也存在支持措施虚化、建设任务针对性不强、创新举措有限等问题，如部分省份在政策保障措施中多提出资金、人才、保险、贷款融资抵押等扶持政策，但主要以“鼓励”和“探索”的表述居多，实操性和保障性有待进一步落实落细。在品牌营销政策等方面，相关措施大多雷同，缺乏精准性和有效性。各地可结合地方产业发展和品牌建设实际，强化政策保障，在基础夯实、市场研究、标准建设、营销推广、渠道促进、监管保护、人才培养等方面加大支持力度，推动农业品牌创新发展。

三、县市级农产品区域公用品牌政策分析

近年来，各县市级政府部门聚焦主导产业和地域资源禀赋，积极培育农产品区域公用品牌，制定了一系列政策措施，为区域公用品牌发展提供了良好的政策环境和组织保障。本报告收集整理了536份县市级政府部门出台的推动农业品牌发展的政策文件。考虑到政策文件的代表性、典型性和可借鉴性，本报告重点选取了支持单品类公用品牌建设的政策文件进行汇总分析，着重体现品牌打造重点环节具有代表性的政策措施。

（一）县市级农产品区域公用品牌政策着力点

1. 品质提升

地方政府高度重视品种品质提升，将其作为农业品牌发展根基强力推动，主要聚焦在品种创新、标准建设、科技创新、质量管理、人才培养等方面。《奉节县人民政府办公室关于印发奉节脐橙产业高质量发展三年行动计划的通知（2022—2024年）》提出，加强品种引育，依托国家柑橘产业体系、西南大学柑橘研究所等科研院校，合作开展优良基因研究，每年引进柑橘优新品种不少于3个，开展区域试验，筛选优秀品种进行推广；组织专业技术人员深入基地，全面观察挖掘以72-1为主的优秀单株接穗，通过优胜劣汰、优中选优，对本土自主产权品种进行培优复壮。《重庆市江津区人民政府办公室关于印发推进江津花椒产业高质量发展工作方案的通知》（2019年）强调开展基础研究，重点针对产品成分、生产环境、药效试验等开展监测研究，其中针对成分监测提出要开展花椒从挂果至采收

期的芳香油、椒麻素、硒含量等生理指标监测，开展花椒果皮、枝杆、芽、叶、籽的成分含量分析，建立青花椒气候品质认证模型，开展青花椒“硒有气质”气候品质认证，这为讲好江津花椒品质特点品牌特色提供了数据支撑。《金乡县人民政府关于推进金乡大蒜标准体系建设的指导意见》（2021 年）提出，制修订金乡大蒜生产标准、产品标准、加工标准、流通标准、质量追溯标准和管理服务标准，全面推广金乡大蒜标准体系，加强标准培训指导，提高金乡大蒜品牌使用主体标准化意识和技术水平；推广覆盖大蒜产前、产中、产后所有环节的标准体系建设，以标准化重铸“金乡大蒜”品牌。《象山县人民政府办公厅关于印发加快象山红美人柑橘产业高质量、高水平发展扶持办法的通知》（2019 年）提出，鼓励发展高标准的红美人示范基地，对新打造的规模化布局、标准化生产、设施化管理、智能化应用、品牌化经营的精致示范橘园进行奖补；鼓励科技协同创新，组建柑橘产业技术创新与推广服务团队，优先支持申报重大科研项目；完善赴日柑橘研修生制度，每年公开选派 3～4 个研修生到日本学习进修；加大力度培育柑橘土专家，符合条件的推荐参加县农业乡土专家、“半岛工匠”评选以及享受县“人才绿卡”政策。《正阳县人民政府办公室关于印发正阳县 2021 年产油大县奖励资金扶持花生产业高质量发展项目实施方案的通知》（2022 年）提出，以标准可控、模式统一、质量可溯源、品质有保障为指导，以统筹规划、规模种植为原则，村级集体经济组织、新型农民经营主体、种子生产企业共同参与，打造正阳花生区域良种繁育基地，促进正阳花生品牌价值向社会效益和群众收益的转化；重点支持油料加工企业和新型经营主体，引导带动龙头企业打造“正阳花生”品牌，拉长产业链条，提高产品附加值；技术上突出抓好以优质高产品种推广、起垄精量播种、测土配方施肥等为主的增产增效技术的集成应用，为全县油料增产、农业增效、农民增收和县域经济快速健康发展及推动正阳县乡村振兴作出贡献。

2. 品牌营销

县市级政府部门将农业品牌营销作为打造区域公用品牌的重要抓手，相关政策文件和措施占比较大，政策着力点主要在建立完善品牌识别系统、品牌文化挖掘、开展品牌宣传推广、销售渠道促进等方面。《赤峰市人民政府办公厅关于印发赤峰市推进农畜产品品牌发展实施方案的通知》（2018年）提出，制定品牌营销宣传策略，编写《赤峰农畜产品区域品牌形象手册》《赤峰农畜产品区域品牌文化手册》《赤峰农畜产品区域品牌传播手册》，提升赤峰农畜产品品牌知名度。《长丰县人民政府办公室关于印发长丰草莓产业提升工程实施意见（试行）的通知》（2017年）提出，每年安排200万元专项资金用于长丰草莓宣传推广，利用互联网媒体公开评选“长丰草莓十大子品牌”，对入围的企业品牌和产品品牌给予金融贷款，并每年给予50％财政贴息贷款；对长丰草莓子品牌企业开展的专业“视觉传达设计”给予50％的费用奖补，对企业聘请的品牌策划顾问咨询费给予50％奖补。《福鼎市委办、市政府办关于统筹做好茶文化、茶产业、茶科技，推进福鼎白茶产业高质量发展超越行动计划》（2021年）提出，大力推进福鼎白茶品牌化经营管理，构建“1＋N”的宣传营销模式，持续办好福鼎白茶开茶节，把开茶节打造成中国乃至世界知名的茶文化盛会；常态化开展制茶大师赛、技能赛、斗茶赛，打造福鼎白茶冠名的精品文体赛事等各类茶事活动；组织企业、合作社参与省级以上茶叶评比活动等；每年组织重点茶企抱团参加国内外茶叶博览会、推介会10场以上。《中共中宁县委员会中宁县人民政府关于印发中宁县推进枸杞产业高质量发展扶持政策的通知》（2020年）提出，鼓励支持经营主体到区外采取推介洽谈会、贸易展销会等形式或采用新媒体开展“中宁枸杞”区域公用品牌＋企业自主品牌的宣传，给予宣传推广费20％补助，单个企业补助不超过50万元；在央视及北京、上海、广东、湖南、山东等省级电视台进行中宁枸杞及系列产品营销宣传的，单个企业补助不超过100万元。同时，要求经营主体必须按照相关规定设计和使用枸杞产品包装物，不按规定设计和使用者不得享受任何政策。《赣州市人民政府办公室关于印发赣南脐橙产业高质量发展行动计划（2021—2025年）》（2021年）提出，创新实施“互联网＋赣南脐橙”行动；支持培育一批专业电商运营公司，打响年销售额超亿元的赣南脐橙电商品牌，使之成为赣南脐橙电商营销的“月亮”；依托供销及邮政服务带动小农户工程、信息进村入户工程、农产品电商出村工程等，推动联手淘宝、京东、拼多多等知名电商平台，“电商＋微商”共同发力，“企业＋个人”各尽其能，形成赣南脐橙电商营销的“星星”，把赣南脐橙打造成为“星月同辉”的知名网红产品；出台相关政策，规范线上销售行为，确保电商渠道果品质量安全。北京市平谷区商务局印发《平谷区 2021—2023 年大桃销售扶持政策》（2021 年），提出按照“政府推动，市场化运作”原则，建立平谷区电商服务中心，整合全区资源，以市场需求为导向，为平谷区以大桃为主的农产品电商销售提供运营、培训、供应链、信息咨询、产品推广、质检追溯、商务谈判等综合服务，培育壮大农产品电商市场主体，完善现代化互联网营销体系，促进产销精准高效对接。《奉节县人民政府办公室关于印发 2021 年度奉节脐橙营销奖扶办法的通知》（2022 年）强调，奖励和补助对象为取得年度奉节脐橙品牌授权、严格执行奉节脐橙统一纸箱包装和脐橙分级销售政策的主体，将营销奖扶分为网络销售奖励、线下销售奖励、线下直营店补贴三类；明确建立以分管副县长任召集人，县财政局、县脐橙产业中心、县纪委监委负责人参加的联席会议制度，负责奖励政策的协调落实，确保营销奖励工作的推进和落实。《巫山县现代山地特色高效农业发展工作领导小组办公室关于印发〈2022 年巫山脆李营销奖补方案〉的通知》（2022 年）提出，对线上销售主体和物流快递企业给予奖补。年度线上销售巫山脆李到县外达 5000 单及以上，且使用县果品产业发展中心统一监制的巫山脆李包装的网络经销商（电商、微商）、农民专业合作社、种植大户等，按照市内 0.5 元/单，市外 1 元/单，以奖代补给予一次性销售奖励。预计总奖励资金 30 万元。年度巫山脆李线上销售物流快递企业达到 20 万单及以上给予一次性奖励 15 万元；达到 30 万单及以上给予一次性奖励 25 万元，预计总奖励资金 50 万元。部分县市建立信息监测和反馈机制，引导品牌主体调整营销策略。《奉节县人民政府办公室关于印发奉节脐橙产业高质量发展三年行动计划（2022—2024 年）》提出，持续推进品牌营销，研究市场发展趋势，由县脐橙产业中心牵头，建立定期研究机制，加强对水果市场的跟踪监测，每年定期组织开展对线上线下、国内国际水果市场发展趋势信息进行综合采集、分析、研判；及时将研判的市场发展趋势信息向奉节县脐橙生产经营主体发布，以市场信息指导奉节脐橙生产，调整产业结构和营销策略。

3. 品牌保护

品牌监管保护是现阶段各县市政府部门抓好区域公用品牌建设的重点和难点。在政府保护方面，法规政策较多，但操作难度大；在行业组织保护方面，公信力、执行力不足；在品牌主体自我保护方面，因取证难、成本高，执行难度很大。对此，一些地方进行了积极探索，出台了系列政策意见、管理办法等。《杭州市西湖龙井茶保护管理条例》（以下简称《条例》）于 2022 年发布并正式实施，为一片叶子立一部法，开创了农产品区域公用品牌保护先河。《条例》从文化传承与产业发展、品质保护与提升、品牌保护与标识管理等三个方面加大对西湖龙井茶生产经营全流程立法规范。2023 年，杭州市农业农村局（杭州市乡村振兴局）联合杭州市市场监督管理局出台《西湖龙井茶防伪溯源专用标识管理办法》，进一步完善了西湖龙井专用标识闭环管理机制，从专用标识分类、数量核定、标识规格和制作、发放和申领、退还和销毁、监督管理等六个方面制定具体管理措施，解决了品牌标识管理中的痛点和难点问题，为西湖龙井茶的长久稳定发展奠定了基础。广东省江门市人大常委会于 2020 年颁布《江门市新会陈皮保护条例》（以下简称《条例》），《条例》专设品牌保护章节，对地理标志申请和日常监管、商标注册和管理等提出具体保护措施。《中卫市人民政府办公室关于印发中卫市硒砂瓜品质品牌保护提升三年（2019—2021 年）行动方案的通知》（2019 年）提出，充分利用“云端中卫”等网络信息渠道，继续推行“一瓜一标、一年一印”防伪溯源制度，实行扫描二维码查询和追溯硒砂瓜原产地生产和产品信息，严厉查处打击印制假商标、使用过期商标、转卖统一印制的硒砂瓜防伪溯源专用标识，冒用、盗用硒砂瓜商标等不法行为，建立硒砂瓜打假长效机制；广泛开展硒砂瓜防伪溯源专用标识宣传，普及硒砂瓜识别特征、标识鉴别知识，增强广大消费者正确识别硒砂瓜的能力。《津南区人民政府关于印发小站稻国家地理标志产品保护示范区建设实施方案的通知》（2022 年）提出，探索建立市、区、镇三级保护机制，与市知识产权局、市知识产权保护中心、区知识产权保护工作领导小组成员单位、小站稻产地和加工企业所在镇政府建立协同保护与快速反应机制，形成以政府主导、产业部门和行业自律、监管部门监督的多元化、全链条保护机制；成立小站稻打假工作办公室，组织开展小站稻品牌保护专项执法行动，发布典型案例和工作通报，震慑违法犯罪行为，维护小站稻品牌形象。《炎陵县农产品区域公用品牌“炎陵黄桃”（商标）使用管理保护办法》（2020 年）提出，从“炎陵黄桃”（商标）使用条件、使用申请程序、使用者的权利和义务、管理、保护六个方面实施授权管理，积极发挥品牌对产业的引领作用，打造农产品整体品牌形象，维护和提升“炎陵黄桃”市场信誉和知名度。

（二）县市级农产品区域公用品牌政策特点

总体来看，县市级政府部门制定的农业品牌政策文件主要集中在 2017 年以后出台，重点关注品牌打造的关键环节，政策整体更具操作性、针对性和实效性，宏观层面以问题为导向明确发展目标，设计可行性发展路径；微观层面注重落实工作责任，强化部门联合，确保品牌建设取得实效。

从文件类别来看，主要包括支持全域农业品牌发展的综合性政策文件和支持单品类区域公用品牌建设的专项类文件两类。单品类文件中，又分为包含品牌打造全链条、全环节的政策文件和针对品牌打造某一具体环节、关键内容的政策文件两类。整体来看，综合类文件数量占比较大，占文件总量的 60％以上。专项类文件数量相对较少，但政策更能聚焦于当地特色产业、重点品牌，资源利用效率高，政策扶持效果好。

从文件内容来看，政策多聚焦于品质提升、品牌策划、品牌推广、销售促进、品牌保护等内容。其中，将品牌产品品种品质提升作为重点内容的政策文件占比在 80％以上，一方面说明地方政府能遵循品牌建设规律，将品种品质作为品牌打造的关键环节，不断夯实品牌基础；另一方面也说明，品牌农产品在品种品质方面仍然具有较大的提升空间，需要不断巩固和加强。品牌营销推广也是地方政府关注的重点，政策主要聚焦于营销渠道拓展、推广模式创新等方面，政府部门的品牌扶持资金也主要用于这一环节。另外，为了避免或减少冒牌、套牌等商标侵权行为对品牌发展产生不良影响，越来越多的地方政府部门将品牌保护作为品牌打造的重点任务，还有部分地区通过制修订相关法律法规，为品牌保护提供充分依据和坚实保障。

然而，政策文件也反映出部分地方在品牌建设过程中存在政策支持力度不够、保障措施不强等问题，相关政策措施仍需完善提升。从类别来看，已有的品牌政策文件以针对全品类品牌打造的综合性文件为主，全品类地域形象品牌与当地特色产业关联性弱，品牌辨识度低，品牌传播成本高，产业带动力不强，削弱了品牌政策支持效果。从内容来看，文化挖掘和授权管理等在政策文件中体现不足，尤其是涉及品牌文化内涵和文化输出的政策内容较少，多数政策文件没有将其作为重点任务进行系统设计，导致品牌营销差异化不足，品牌价值提升空间受到制约。另外，近年来各地积极推进农产品地理标志认证和农产品集体商标注册，但对农产品区域公用品牌的授权管理重视程度明显不足，专门针对区域公用品牌的授权管理文件较少，导致出现品牌建设权责不清、利益机制不健全等问题，在农产品区域公用品牌使用和发展过程中还需重点关注。

四、国际农业品牌发展政策借鉴

美国、欧盟、日本等国家和地区均将农业品牌建设作为提升本国农业竞争力、参与全球农业竞争的国家战略。经过多年发展，这些国家和地区已经构建了较为完整的推动农业品牌发展的制度体系，形成了系统化推动农业品牌建设的政策措施。政策着力点主要在品牌建设基础、品牌市场开发、品牌营销推广、品牌文化挖掘与输出等方面。本报告选取了美国、欧盟、日本、韩国等具有代表性的国家和地区，重点分析了其推动农业品牌建设的政策措施，为优化和完善我国农业品牌政策体系提供有益借鉴。

（一）美国农业品牌发展政策

美国农业部于1978年在《农业贸易法案》中设立农产品出口促进专项即市场开发计划（MDP），并于2018年在《农业提升法案》中整合提出了农业贸易促进和便利化计划（ATPFP），其管理的项目主要包括市场准入计划、海外市场开发计划、新兴市场计划、特种作物技术援助项目和优先贸易基金（表4-1），每年提供2.55亿美元的强制性资金，扶持开展国外市场开发、品牌主体培育、品牌国内外保护等，为拓展品牌农产品营销渠道，扩大品牌国际影响力发挥了重要作用。

表4-1　美国农业贸易促进和便利化计划

名称	设立年份	目的	要求	资金
市场准入计划（MAP）	1978年	用于支持美国农产品海外市场的开辟、扩张和维持	主要用于支持棉花、水果、乳制品、肉类、坚果、羊毛、葡萄酒和水产品等高附加值产品的出口	2亿美元/年

续表 4-1

名称	设立年份	目的	要求	资金
海外市场开发计划（FMDP）	1955 年	减少外国进口限制或扩大出口增长的机会，消除进入新市场的障碍，识别产品新市场和新用途	主要支持一般商品或大宗商品，资助其开展消费促进、技术援助和贸易服务等活动	3450 万美元/年
新兴市场计划（EMP）	1990 年	支持出口商在新兴市场开展可行性研究、市场调研和专业培训等活动	须覆盖最少三个新兴市场	不超过 800 万美元/年
特种作物技术援助项目（TASC）	1998 年	帮助美国出口商应对禁止或限制美国特种作物出口的动植物检验检疫等技术性贸易壁垒问题	特定产品包括除小麦、饲料粮、油籽、棉花、大米、花生、食糖和烟草之外的农作物及其产品	900 万美元/年
优先贸易基金（PTF）	2018 年	资助用于进入、开发、维护和扩大美国农产品市场的一个或多个项目	补充超过 ATPFP 计划组成部分的可用申请资金	350 万美元/年

数据来源：UN Comtrade.

1. 促进市场开发

《农业提升法案》提出，农业贸易促进和便利化计划主要面向非营利美国农业贸易协会、美国农业合作社、州级贸易组织、小型企业以及政府部门的农业机构等主体，对其开展的旨在开辟、扩张和维持农产品海外市场的各项活动提供资金支持。政府提供资金援助，通过以补贴等其他形式支持协会开展市场研究活动，资金可用于雇佣专业人员开展研究、购买数据和工具以及组织研讨会和论坛等。政府派遣专家或官员参与协会的市场研究活动，提供技术指导和咨询，支持协会制订完善研究计划，培训协会成员开展市场研究，提高协会专业水平。政府向协会提供公共资源，如会议场地、媒体宣传支持、网络推广平台等，支持专业技术人员和研究机构开展相关研究和调查。

2. 组织开展营销

美国商务部国际贸易局（ITA）、美国农业部（USDA）等机构为协会提供市场营销和品牌推广支持，通过政府补贴计划向符合条件的协会提供经费资助，如产业发展基金、科技创新基金等。美国海外农业服务局（FAS）负责执行《农业提升法案》中贸易相关协定，搜集、分析和发布世界农业生产、国际农产品市场需求等研究报告，组织参加美国世界农业博览会、美国食品展览会等展会活动，鼓励企业参与对外贸易出口援助相关活动，扩展美国农产品国际市场渠道，扩大出口机会，增加贸易收益。以华盛顿苹果为例，华盛顿州是世界级的苹果出口基地，出口到全球60多个国家，占美国苹果出口量的95%以上①。2019年，华盛顿苹果委员会通过美国农业部出台的“农业贸易推广基金（ATP）”获得近850万美元的贸易促销经费，以缓解进口国家和地区提高关税带来的负面影响，2020—2022年，华盛顿苹果出口量和出口额均有较大幅度提高，政府的法律支持和财政补贴保障了华盛顿苹果的海外营销推广效果，推动华盛顿苹果迅速占领国际市场，目前出口量约占全球高端苹果市场出口总量的12%。

3. 加强立法保护

美国政府高度重视品牌保护，主要通过专利法、商标法保护农业领域知识产权。1930年颁布并实施《植物专利法》，确定了对植物品种的保护。1980年美国最高法院在DIAMOND V CHAKARABARTY判决案中承认微生物专利，支持生物可拥有专利，1987年又扩大到了对动物的保护，不断修订完善相关法案保护农业知识产权。美国植物专利权数量从2002年以前的8268项增长为现在的22229项②。1870年，美国首次颁布《美利坚合众国联邦商标条例》，1988年颁布《1988年商标法修正案》，形成了美国现行商标制度的完整框架。2021年，美国专利商标局修订《2020年商标现代化法案》，对已经注册但没有商业使用证据的商标进行约束。在进口贸易中的知识产权保护方面，美国的关税法第337条规定，

① 数据来源：本刊综合．从“华盛顿”苹果看如何打造农产品区域公用品牌［J］．中国合作经济，2019，383（4）：44-47.

② 数据来源：美国专利商标局TAF数据库 https：//www.uspto.gov/web/offices/ac/ido/oeip/taf/cst_plt.htm

国际贸易委员会可调查往美国进口或在美国销售时是否有不公正竞争方法，或有侵害知识产权的行为，对进口贸易中侵犯知识产权的行为，如侵犯专利、注册商标、普通法商标等进行调查并作出决定。

（二）欧盟农业品牌发展政策

欧盟农业品牌建设主要以地理标志为核心，建立完善的制度体系和政策措施，将地理标志保护与发展作为提升农业竞争力的重要内容。受法国、瑞士等欧洲地理标志强势利益国家的积极推动，1883 年成功缔结《保护工业产权巴黎公约》，1891 年签署《商标国际注册马德里协定》，这两个与地理标志（产地标记）保护有关的多边条约的诞生，正式拉开了地理标志保护全球化的序幕。1992 年，欧盟委员会通过《2081/92 号理事会条例》，建立起欧盟范围内农产品和食品的地理标志保护统一制度，为欧洲式专门法地理标志保护模式确定了整体框架。2013 年，欧盟实施了《关于农产品和食品的质量规划条例》，将地理标志保护作为欧盟的质量政策，提升了保护水平，明确了监管体系建设和要求。不断完善的地理标志保护制度是欧盟农产品地理标志保护水平一直处于世界领先地位的重要原因。

1. 建立地理标志保护体系

欧盟针对不同种类农产品和食品、葡萄酒、烈酒、芳香葡萄酒形成了四部法律法规：农产品和食品法规［（EU）第 1151/2012 号］、葡萄酒法规［（EU）第 1308/2013 号］、烈酒法规［（EU）第 2019/787 号］和芳香葡萄酒法规［（EU）第 251/2014 号］，规范了地理标志的认证、使用和保护。欧盟各成员国形成了比较完善的农产品地理标志保护法律法规体系（表 4-2），明确各国政府部门要保护其境内的注册名称并制止非法生产或销售使用这种名称的产品。注册为地理标志的产品名称在欧盟内部和已签署特定保护协议的非欧盟国家受到法律保护，不得被仿制和滥用。此外，非欧盟国家产品名称也可以注册地理标志，如果其原产国与欧盟签订了双边或区域协议，则双方互相保护此类名称，如通过签订《中欧地理标志协定》建立合作机构，对地理标志的确定程序、保护范围、使用权等方面作出共同约定，共享地理标志信息，宣传地理标志价值。

表 4-2　欧盟部分成员国农产品地理标志保护情况

国家	主要法律法规	主管部门	典型农产品
法国	《葡萄酒货源标记保护法》 《白兰地原产地名称法》	农业部	葡萄酒、烈性酒、奶酪、果干、香肠、火腿、牛肉等
意大利	《原产地名称和地理标志控制法》	农业、食品和林业政策部	葡萄酒、橄榄油、奶酪、火腿、面食制品、香肠制品等
葡萄牙	《原产地标记保护和地理标志保护法》	农林部	葡萄酒、果干、火腿等
希腊	《农业品、食品地理标志保护法》	农林部	橄榄油、葡萄酒、果干、香肠、牛乳等
德国	《原产地标记保护法》	联邦农业食品局、消费者权益保护局	奶酪、啤酒、香肠、火腿、腊肉等
奥地利	《原产地标记法》 《地理标志保护法例》	农业部	牛肉、羔羊肉、奶酪等

数据来源：根据欧盟出台的政策文件整理。

2. 建立地理标志清单

2006 年 4 月，欧盟发布新的全球贸易战略，提出将新一代的自由贸易协定作为全球多边合作机制的补充。通过在自由贸易协定中添加地理标志保护清单，以确保欧盟的大部分地理标志在国际贸易中得到保护，减少繁杂的往来贸易手续，保护本国产品的品牌声誉，建立本国产品在海外市场的消费者信任和消费黏性。2010 年 10 月，欧盟与韩国签订自由贸易协定，这是欧盟首个新一代自贸协定。自签署欧韩自由贸易协定以来，欧盟与主要贸易伙伴国添加的地理标志清单中所包含的地理标志总数达 3623 个（表 4-3），显著提高了地理标志国际化保护水平。为了保持地理标志清单的灵活性，欧盟委员会可以根据欧盟成员国或贸易伙伴国的申请，依据地理标志的定义、保护范围对清单中的地理标志进行增加或者删除。

表 4-3 欧盟地理标志清单计划数量

签署国家或地区	签署时间	生效时间	清单计划包含的地理标志总数/个
韩国	2010 年	2015 年	60
安第斯共同体	2012 年		34
中美洲（哥斯达黎加、萨尔瓦多、危地马拉、洪都拉斯、尼加拉瓜、巴拿马）	2012 年	2013 年	88
乌克兰	2014 年	2017 年	811
格鲁吉亚	2014 年	2016 年	805
摩尔多瓦	2014 年	2016 年	852
南非	2016 年		110
加拿大	2016 年	2017 年	143
新加坡	2018 年		83
越南			59
日本	2018 年		78
中国	2020 年	2021 年	500

数据来源：Huysmans M. Exporting protection：EU trade agreements，geographical indications，and gastronationalism [J]. Review of International Political Economy，2022，29（3）：979-1005.

在第 2081/92 号理事会条例中，欧盟将农产品地理标志分为 3 类：受保护的原产地名称（PDO）（图 4-1）、受保护的地理标志（PGI）（图 4-2）、地理标志（GI）。PDO 和 PGI 都可用于标识品质或特性取决于地理环境（自然和人为因素）的产品，二者的区别在于 PDO 对产地要求更为严格。对于食品，PDO 要求原材料和生产、加工、制备的每一个环节都发生在该地理区域内，而 PGI 要求原材料不受地域限制，至少有一个生产、加工或准备阶段发生在该地区；对于葡萄酒，PDO 要求葡萄种植和葡萄酒所有生产阶段都发生在该地理区域（仅对酿酒用葡萄品种的栽培），而 PGI 要求至少有 85%的葡萄原料来自该地区，允许使用酿酒葡萄品种混酿。GI 主要对烈性酒进行保护，要求产品至少有一个蒸馏或制备阶段发生在该地区，原材料不受地域限制。

图 4-1　PDO

图 4-2　PGI

3. 重点国家重点政策解析

（1）法国红色标签制度。法国高度重视农产品原产地保护，在 2006 年成立国家原产地与质量研究院，负责实施产品原产地和产品官方标识管理。官方标识具体包括原产地命名控制标识、原产地命名保护标识、地理保护标识、传统特产认证标识、有机农业标识和红色标签等。其中，红色标签是法国众多标签中历史最悠久的，是由法国农业部颁发认证的国家级标签。1960 年《农业指导法》提出红色标签制度，它表示某种农产品或食品具有比其同类产品更好的质量，是法国某种产品质量优秀的保证。法国农业部、商业部的成员组成了国家产品质量标签和认定委员会（CNLC），对红色标签产品的质量要求提出严格规定，某种产品要符合这种“名、优、特”品质，必须满足相关标准要求，需要经过集体申请，在农产品的生产、加工和销售的各个阶段接受严格检查之后才能够获得红色标签。红色标签于 1965 年开始投入使用，到 1975 年得到广泛普及，目前在法国的农产品市场中占有很高份额，已经成为法国农民向消费者保证产品质量的工具。

国家产品质量标签和认定委员会要求，纳入红色标签制度的品牌农产品生产的各个环节要具有可追溯性，这利于保证生产过程有章可循并易于检查监督。由国家有关部门认可的民间质量认定组织检查监督农户的产品质量，不能履行职责时将被取消资质，以防止民间质量认定组织与生产者之间串通的发生。生产者产品若不符合要求将被供应组织惩罚甚至被开除出供应组织，无法继续获得高质量产品的溢价。

（2）意大利保护制度。第二次世界大战结束后，意大利逐渐恢复了对地理标志的保护，并制定了一系列地理标志专门保护法。1951 年意大利签署了《关于奶酪原产地名称和命名之使用的国际公约》，并于 1954 年颁行了 125/1954 号法律，这是意大利在第二次世界大战后制定的第一部地理标志专门法，旨在保护奶酪的地理标志。1963 年，意大利政府制定了保护待发酵的葡萄汁和葡萄酒原产地名称的专门法——930/1963 号总统令。该总统令及配套的法规设立了意大利葡萄酒原产地名称保护委员会，并规定了委员会组织和运行上的规则，建立了意大利葡萄酒地理标志保护体系的基本原则和框架，成为日后其他农产品地理标志专门法立法的模板。1970 年之后，意大利开始将地理标志保护的范围扩大到其他农产品上，其间比较重要的立法是火腿和橄榄油的地理标志专门法。

为了更好地保护葡萄酒、橄榄油、奶酪等重要品牌产品，意大利在农业部中内设了专门机构，如国家葡萄酒管理委员会、国家橄榄油管理委员会等，对该产品在全国范围内的地理标志保护工作进行统筹管理。中央管理机构负责对行业协会的工作进行监督，决定行业协会内部不能达成决议的事项或关系到地理标志产品生产的核心事项（例如产品产区范围的变动）；地理标志产品行业协会负责组织完成地理标志产品生产技术标准的制定、生产流程的检查、产品质量的监管等工作，并对侵害地理标志权利的违法行为进行打击。

（三）日本农业品牌发展政策

20 世纪 60 年代以来，日本的农业品牌化发展主要经历了“一村一品”“地产地销”和“本场本物”三个阶段，通过发展地方特色产业，形成在一定区域内具有最优效益的品牌农产品，提高农业品牌竞争力。经过多年发展，形成了神户牛肉、青森苹果等众多知名特色品牌。

1. 强化产业扶持

在实施“一村一品”运动中，为了振兴地区经济，留住年轻劳动力和各类资源要素，日本提出“一点五次产业”，立足当地资源发展具有地方特色的农产品加工业。通过抓住消费者购买健康食品、新鲜食品的心理，发展以精细、优质为目标的农产品加工业，把剩余的一次产品和等外品交付加工，打造差异化、多样化、品牌化的产品，提高产品附加值，产生了良好的经济效益。如旧大山町的“梅子蜜”“吉四六酱菜”以及番茄酱等农产加工品多达 20 多个品种，销售额达数亿日元。1996 年，今村奈良臣在“一点五次产业”政策基础上，提出了发展“六次产业”，即将农业生产和农产品加工、农产品消费流通结合起来，推广日本各地农村出现的产地直销、消费者直接订单生产、农民饮食业直营等模式，发展相关产业。“农业六次产业论”得到日本政府的高度重视，2008 年，日本农林水产省首次在其政策大纲中提及“第六产业”——《农山渔村第六产业发展目标》。之后，又陆续出台了《六次产业化法》《农山渔村六次产业化政策实施纲要》《农业主导型六次产业化准备工作实施纲要》《粮食、农业、农村基本计划》等相关法律及纲要性文件来推动“第六产业”的发展，充分开发农业的多种功能与重要价值，提高农产品的文化附加值。

2. 加强质量管理

日本农业生产是以高度标准化为基础的生产过程，农产品从新品种的选育，到播种、收获、加工、包装、销售都有一套严格的标准，这一过程也是严格质量管控的体现。日本将工匠精神在农业上运用，打造极致产品品质的精致农业，其对产品细节的打磨和对品质的严格把控体现在种植方式、生产工艺、管理程序、包装宣传等方方面面。严格的质量控制管理和标准化的生产程序决定了日本农产品的高品质定位。如神户牛肉实行严格的品种培育和控制，牛肉的肉必须“血统”纯正；实行严格的分级评定保证牛肉品质，达到四、五级以上的标准才有资格被称为“神户牛肉”；建立严格的血统认证和身份认证制度，杜绝了次品牛肉进入市场；实行标准化管理为牛肉品质提供了绝对保障，使得神户牛肉在同质化严重的牛肉领域打响品牌。

3. 拓展营销渠道

在“一村一品”运动中，日本中央政府主要为农村基础设施改善提供支持，地方政府给予具体的引导和服务。县政府为开展“一村一品”的地区提供宣传渠道，持续开展市场推广活动，在全国各地举办产品展示会，在东京设有大分产品专卖店，在海外设有试销点等推广品牌农产品；开展和推广“一市町村一早市”运动，让特色产品与消费者直接见面，展示产品价值，提高品牌知名度。在“一村一品”市场推广活动中，县知事以身作则，带头宣传和推广产品，县里还定期举办产品博览会、商品拍卖会等活动，帮助推销产品。部分县创办宣传电视节目推广品牌，如大分县花费3500万日元创办宣传节目，以“开发我们的家乡吧!”为主题宣传推广各个町村的产品。此外，政府推进地区土特产品开发育成对策事业，举行由消费者、批发商、市场人员参加的恳谈会，倾听各方需求，创新产品，利用线上线下宣传新品，打响品牌。

4. 开展品牌认证

“本场本物”制度是由日本农林水产省制定，并在日本全国范围内推行实施的一种品牌认证制度。这一制度的目的在于“明确以日本及其地方上生产的特色农产品为原材料、经该地方有历史韵味的传统制作工艺制成的产品，并提升其品质、规范其标志，进而激活地方农林水产业和地方经济。区域食品品牌标记标准审查委员会对参与认证的农产品，从名称由来、产地范围、涵盖文化、原材料特质、加工工艺、质量卫生管理标准等方面进行认证审核，并对其品牌经营开展跟踪式管理。除全国性的认证体系外，日本各县也开展了各种形式的认证制度。这种认证式的营销对于农产品的销售具有良好的推广作用。如山梨县为推动农产品品牌化、打造“山梨品牌”，设立特选农产品认证制度。该认证项目制定由认证委员会认定，并评价其品种、味道、鲜度、原创性和安全放心等品牌标准。根据该认证标准，推进并强化以适地、适种为基础的新型品牌产品的生产、流通、销售体制。在适合本县自然环境和高精技术培育的优质农产品中，通过外观、低农药、低化学肥料等标准的评价，认定桃、葡萄、李子等一批高品质农产品为特选农产品，并认定这些特选农产品的生产组织。

以神户牛肉为例，采取严格的血统认证和身份认证制度。神户牛肉的肉来自血统纯正的“但马牛”，且必须是“处女牛”；还要经过脂肪混杂率、颜色、细腻度等项目的评定，达到四、五级以上标准的才有资格被称为神户牛肉。此外，神户牛肉流通促进协会对每一头但马牛都建立了严格的血统认证体系。消费者在网上输入 10 位验证码，便可以查询到每一头牛在何时何地出生，销往何处，以及是否被评定为神户牛等信息。

(四) 韩国农业品牌发展政策

20 世纪 70 年代以来，韩国开始重点打造以精品水果、泡菜、人参、韩式酱料等发酵食品和方便食品等为主的韩国农水产食品品牌 K-Food。韩国农林畜产食品部通过推广农特产品共同品牌发展模式，极大促进了农业农村经济发展，K-Food 品牌逐渐走向世界。韩国农水产食品流通公社统计数据显示，2022 年韩国农副产品出口额达到 119.8 亿美元，同比增长 5.3%，继 2021 年韩国农副产品出口额超百亿美元后，已经连续两年刷新历史新高。

1. 加大农特产品共同品牌培育

韩国农特产品共同品牌发展模式在韩国呈现出独特生命力和良好发展态势。随着消费者认可，韩国农特产品共同品牌被推广至韩国全境，并成为发展地方特色农业、激活地方经济活力、增加农民收入的有效途径。2006 年以来，韩国政府相继制定和颁布《关于使用农特产品共同品牌管理条例》《关于使用农特产品共同品牌实行规则》等，推动农特产品共同品牌发展。韩国农林畜产食品部将“农特产品共同品牌”发展模式作为推动农业农村经济发展主要举措，实施严格准入监管。为加强农特产品共同品牌培育，韩国 30 个县（市）政府均成立审议委员会，承担制订实施共同品牌培育综合计划、制定适用品种种类及审查标准、批准及取消经营体共同品牌使用权等职能。农特产品共同品牌实施严格准入监管，只有通过审查认定的经营主体才能获得当地“农特产品共同品牌”使用权，使用期限一般为 1 年。如经营体可保持品质优越性，在种养殖和流通过程中无违反规定事项，在有效期结束前 30 天内，向县（市）提交使用期限延长申请书，允许再延长使用 1 年。

2. 持续输出品牌文化

韩国政府借助“韩流文化”推广韩食文化，将韩国特色农食品与风靡东南亚乃至世界的“韩流”文化产品结合起来推广宣传，极大激发了海外受众的消费欲望。韩国影视作品中高频出现泡菜、拉面、炸鸡等特色韩食产品，还制作推出了《三时三餐》《拜托了，冰箱》《韩国人的餐桌》等以韩国饮食文化为主题的综艺节目。此外，韩国农林畜产食品部多次邀请韩国人气明星拍摄农产品公益宣传广告，韩国农水产物流通公社任命 KARA、CNBLUE、April、Astro 等人气组合担任 K-Food 宣传大使，以扩大韩食产品的国际影响力。韩国农水产食品流通公社统计数据显示，2020 年参与“国际品牌支援项目”的企业出口规模创下历史新高，韩流营销助力韩国农食品出口规模超 2300 万美元。“国际品牌支援项目”起用韩流艺人等海内外人气明星作为产品形象大使，将韩国的优质农产品及食品在海外进行推广，2020 年参与“国际品牌支援项目”的 14 家企业总出口规模为 2300 万美元，同比增长 26%，远高于韩国农食品整体出口增幅。

3. 加强品牌海外推广

韩国政府非常注重农水产食品品牌 K-Food 特色食品的海外推广。2021 年 3 月 3 日，韩国农林畜产食品部发布韩国《农业食品出口扩大战略》，计划借助打通中国等海外地区的线上销售渠道等，进一步扩大韩国农业食品出口额。2021 年以来，韩国农水产食品流通公社和韩国农林畜产食品部积极拓展在中国、东南亚国家和欧美国家的线上营销渠道。目前，韩国农水产食品流通公社已在天猫、拼多多、京东、盒马等中国主流电商平台上建立韩国馆，线上销售韩国特色农食产品，并在江苏苏州、常州、南京开设运营门店，面向本地消费者进行试饮试吃、市场测试、调查反馈等一系列活动，以配合线上营销活动的开展。在东南亚地区，韩国农林畜产食品部加强对韩产水果、方便食品以及婴幼儿食品的宣传，结合欧洲、澳大利亚保健品热销的趋势，在当地加强对泡菜、韩式酱料等发酵食品的促销力度，并争取将美国市场的消费主力军由旅美韩侨扩大至本土消费者。

附　件

（一）中央一号文件农业品牌政策（摘编）

1. 2004 年《中共中央 国务院关于促进农民增加收入若干政策的意见》

开展农业投入品强制性产品认证试点，扩大无公害食品、绿色食品、有机食品等优质农产品的生产和供应。

2. 2005 年《中共中央 国务院关于进一步加强农村工作提高农业综合生产能力若干政策的意见》

整合特色农产品品牌，支持做大做强名牌产品。

3. 2006 年《中共中央 国务院关于推进社会主义新农村建设的若干意见》

加快建设优势农产品产业带，积极发展特色农业、绿色食品和生态农业，保护农产品知名品牌，培育壮大主导产业。

要充分挖掘农业内部增收潜力，按照国内外市场需求，积极发展品质优良、特色明显、附加值高的优势农产品，推进“一村一品”，实现增值增效。

4. 2007 年《中共中央 国务院关于积极发展现代农业扎实推进社会主义新农村建设的若干意见》

继续加强农产品生产环境和产品质量检验检测，搞好无公害农产品、绿色食品、有机食品认证，依法保护农产品注册商标、地理标志和知名品牌。

支持农产品出口企业在国外市场注册品牌，开展海外市场研究、营销策划、产品推介活动。

通过规划引导、政策支持、示范带动等办法，支持“一村一品”发展。

5. 2008 年《中共中央 国务院关于切实加强农业基础建设 进一步促进农业发展农民增收的若干意见》

支持发展“一村一品”。

强化农业投入品监管，启动实施“放心农资下乡进村”示范工程。积极发展绿色食品和有机食品，培育名牌农产品，加强农产品地理标志保护。

6.2010 年《中共中央 国务院关于加大统筹城乡发展力度进一步夯实农业农村发展基础的若干意见》

支持龙头企业提高辐射带动能力，增加农业产业化专项资金，扶持建设标准化生产基地，建立农业产业化示范区。推进“一村一品”强村富民工程和专业示范村镇建设。

大力培育农村经纪人，充分运用地理标志和农产品商标促进特色农业发展。

加快农产品质量安全监管体系和检验检测体系建设，积极发展无公害农产品、绿色食品、有机农产品。

7.2012 年《中共中央 国务院关于加快推进农业科技创新持续增强农产品供给保障能力的若干意见》

开展农村商务信息服务，举办多形式、多层次的农产品展销活动，培育具有全国性和地方特色的农产品展会品牌。

8.2013 年《中共中央 国务院关于加快发展现代农业进一步增强农村发展活力的若干意见》

增加扶持农业产业化资金，支持龙头企业建设原料基地、节能减排、培育品牌。

深入实施商标富农工程，强化农产品地理标志和商标保护。

9.2015 年《中共中央 国务院关于加大改革创新力度加快农业现代化建设的若干意见》

大力发展名特优新农产品，培育知名品牌。

建立农业科技协同创新联盟，依托国家农业科技园区搭建农业科技融资、信息、品牌服务平台。

创新农业对外合作模式，重点加强农产品加工、储运、贸易等环节合作，支持开展境外农业合作开发，推进科技示范园区建设，开展技术培训、科研成果示范、品牌推广等服务。

立足资源优势，以市场需求为导向，大力发展特色种养业、农产品加工业、农村服务业，扶持发展一村一品、一乡（县）一业，壮大县域经济，带动农民就业致富。

10. 2016 年《中共中央 国务院关于落实发展新理念加快农业现代化实现全面小康目标的若干意见》

创建优质农产品和食品品牌。

培育一批农产品精深加工领军企业和国内外知名品牌。

11. 2017 年《中共中央 国务院关于深入推进农业供给侧结构性改革加快培育农业农村发展新动能的若干意见》

全面振兴奶业，重点支持适度规模的家庭牧场，引导扩大生鲜乳消费，严格执行复原乳标识制度，培育国产优质品牌。

开展特色农产品标准化生产示范，建设一批地理标志农产品和原产地保护基地。推进区域农产品公用品牌建设，支持地方以优势企业和行业协会为依托打造区域特色品牌，引入现代要素改造提升传统名优品牌。

坚持质量兴农，实施农业标准化战略，突出优质、安全、绿色导向，健全农产品质量和食品安全标准体系。支持新型农业经营主体申请“三品一标”认证，推进农产品商标注册便利化，强化品牌保护。引导企业争取国际有机农产品认证，加快提升国内绿色、有机农产品认证的权威性和影响力。

深入实施电子商务进农村综合示范。鼓励地方规范发展电商产业园，聚集品牌推广、物流集散、人才培养、技术支持、质量安全等功能服务。

支持各地加强特色村镇产业支撑、基础设施、公共服务、环境风貌等建设。打造“一村一品”升级版，发展各具特色的专业村。

12. 2018 年《中共中央 国务院关于实施乡村振兴战略的意见》

深入推进农业绿色化、优质化、特色化、品牌化，调整优化农业生产力布局，推动农业由增产导向转向提质导向。推进特色农产品优势区创建，建设现代农业产业园、农业科技园。实施产业兴村强县行动，推行标准化生产，培育农产品品牌，保护地理标志农产品，打造一村一品、一县一业发展新格局。

注重发挥新型农业经营主体带动作用，打造区域公用品牌，开展农超对接、农社对接，帮助小农户对接市场。

13. 2019 年《中共中央 国务院关于坚持农业农村优先发展做好“三农”工作的若干意见》

因地制宜发展多样性特色农业，倡导“一村一品”“一县一业”。积极发展果菜茶、食用菌、杂粮杂豆、薯类、中药材、特色养殖、林特花卉苗木等产业。支持建设一批特色农产品优势区。

健全特色农产品质量标准体系，强化农产品地理标志和商标保护，创响一批“土字号”“乡字号”特色产品品牌。

14. 2020 年《中共中央 国务院关于抓好“三农”领域重点工作确保如期实现全面小康的意见》

继续调整优化农业结构，加强绿色食品、有机农产品、地理标志农产品认证和管理，打造地方知名农产品品牌，增加优质绿色农产品供给。

15. 2021 年《中共中央 国务院关于全面推进乡村振兴加快农业农村现代化的意见》

深入推进农业结构调整，推动品种培优、品质提升、品牌打造和标准化生产。

加强农产品质量和食品安全监管，发展绿色农产品、有机农产品和地理标志农产品，试行食用农产品达标合格证制度，推进国家农产品质量安全县创建。

16. 2022 年《中共中央 国务院关于做好 2022 年全面推进乡村振兴重点工作的意见》

开展农业品种培优、品质提升、品牌打造和标准化生产提升行动，推进食用农产品承诺达标合格证制度，完善全产业链质量安全追溯体系。

17. 2023 年《中共中央 国务院关于做好 2023 年全面推进乡村振兴重点工作的意见》

深入开展多种形式的消费帮扶，持续推进消费帮扶示范城市和产地示范区创建，支持脱贫地区打造区域公用品牌。

（二）国家品牌重要政策文件

质量强国建设纲要（摘编）

到 2025 年，质量整体水平进一步全面提高，中国品牌影响力稳步提升，人民群众质量获得感、满意度明显增强，质量推动经济社会发展的作用更加突出，质量强国建设取得阶段性成效。

品牌建设取得更大进展。品牌培育、发展、壮大的促进机制和支持制度更加健全，品牌建设水平显著提高，企业争创品牌、大众信赖品牌的社会氛围更加浓厚，品质卓越、特色鲜明的品牌领军企业持续涌现，形成一大批质量过硬、优势明显的中国品牌。

争创国内国际知名品牌。完善品牌培育发展机制，开展中国品牌创建行动，打造中国精品和“百年老店”。鼓励企业实施质量品牌战略，建立品牌培育管理体系，深化品牌设计、市场推广、品牌维护等能力建设，提高品牌全生命周期管理运营能力。开展品牌理论、价值评价研究，完善品牌价值评价标准，推动品牌价值评价和结果应用。统筹开展中华老字号和地方老字号认定，完善老字号名录体系。持续办好“中国品牌日”系列活动。支持企业加强品牌保护和维权，依法严厉打击品牌仿冒、商标侵权等违法行为，为优质品牌企业发展创造良好环境。

国务院办公厅关于发挥品牌引领作用 推动供需结构升级的意见

各省、自治区、直辖市人民政府，国务院各部委、各直属机构：

品牌是企业乃至国家竞争力的综合体现，代表着供给结构和需求结构的升级方向。当前，我国品牌发展严重滞后于经济发展，产品质量不高、创新能力不强、企业诚信意识淡薄等问题比较突出。为更好发挥品牌引领作用、推动供给结构和需求结构升级，经国务院同意，现提出以下意见：

一、重要意义

随着我国经济发展，居民收入快速增加，中等收入群体持续扩大，消费结构不断升级，消费者对产品和服务的消费提出更高要求，更加注重品质，讲究品牌消费，呈现出个性化、多样化、高端化、体验式消费特点。发挥品牌引领作用，推动供给结构和需求结构升级，是深入贯彻落实创新、协调、绿色、开放、共享发展理念的必然要求，是今后一段时期加快经济发展方式由外延扩张型向内涵集约型转变、由规模速度型向质量效率型转变的重要举措。发挥品牌引领作用，推动供给结构和需求结构升级，有利于激发企业创新创造活力，促进生产要素合理配置，提高全要素生产率，提升产品品质，实现价值链升级，增加有效供给，提高供给体系的质量和效率；有利于引领消费，创造新需求，树立自主品牌消费信心，挖掘消费潜力，更好发挥需求对经济增长的拉动作用，满足人们更高层次的物质文化需求；有利于促进企业诚实守信，强化企业环境保护、资源节约、公益慈善等社会责任，实现更加和谐、更加公平、更可持续的发展。

二、基本思路

按照党中央、国务院关于推进供给侧结构性改革的总体要求，积极探索有效路径和方法，更好发挥品牌引领作用，加快推动供给结构优化升级，适应引领需求结构优化升级，为经济发展提供持续动力。以发挥品牌引领作用为切入点，充分发挥市场决定性作用、企业主体作用、政府推动作用和社会参与作用，围绕优化政策法规环境、提高企业综合竞争力、营造良好社会氛围，大力实施品牌基础建设工程、供给结构升级工程、需求结构升级工程，增品种、提品质、创品牌，提高供给体系的质量和效率，满足居民消费升级需求，扩大国内消费需求，引导境外消费回流，推动供给总量、供给结构更好地适应需求总量、需求结构的发展变化。

三、主要任务

发挥好政府、企业、社会作用，立足当前，着眼长远，持之以恒，攻坚克难，着力解决制约品牌发展和供需结构升级的突出问题。

（一）进一步优化政策法规环境。加快政府职能转变，创新管理和服务方式，为发挥品牌引领作用推动供给结构和需求结构升级保驾护航。完善标准体系，提高计量能力、检验检测能力、认证认可服务能力、质量控制和技术评价能力，不断夯实质量技术基础。增强科技创新支撑，为品牌发展提供持续动力。健全品牌发展法律法规，完善扶持政策，净化市场环境。加强自主品牌宣传和展示，倡导自主品牌消费。

（二）切实提高企业综合竞争力。发挥企业主体作用，切实增强品牌意识，苦练内功，改善供给，适应需求，做大做强品牌。支持企业加大品牌建设投入，增强自主创新能力，追求卓越质量，不断丰富产品品种，提升产品品质，建立品牌管理体系，提高品牌培育能力。引导企业诚实经营，信守承诺，积极履行社会责任，不断提升品牌形象。加强人才队伍建设，发挥企业家领军作用，培养引进品牌管理专业人才，造就一大批技艺精湛、技术高超的技能人才。

（三）大力营造良好社会氛围。凝聚社会共识，积极支持自主品牌发展，助力供给结构和需求结构升级。培养消费者自主品牌情感，树立消费信心，扩大自主品牌消费。发挥好行业协会桥梁作用，加强中介机构能力建设，为品牌建设和产业升级提供专业有效的服务。坚持正确舆论导向，关注自主品牌成长，讲好中国品牌故事。

四、重大工程

根据主要任务，按照可操作、可实施、可落地的原则，抓紧实施以下重大工程。

（一）品牌基础建设工程。围绕品牌影响因素，打牢品牌发展基础，为发挥品牌引领作用创造条件。

1. 推行更高质量标准。加强标准制修订工作，提高相关产品和服务领域标准水平，推动国际国内标准接轨。鼓励企业制定高于国家标准或行业标准的企业标准，支持具有核心竞争力的专利技术向标准转化，增强企业市场竞争力。加快开展团体标准制定等试点工作，满足创新发展对标准多样化的需要。实施企业产品和服务标准自我声明公开和监督制度，接受社会监督，提高企业改进质量的内生动力和外在压力。

2. 提升检验检测能力。加强检验检测能力建设，提升检验检测技术装备水平。加快具备条件的经营性检验检测认证事业单位转企改制，推动检验检测认证服务市场化进程。鼓励民营企业和其他社会资本投资检验检测服务，支持具备条件的生产制造企业申请相关资质，面向社会提供检验检测服务。打破部门垄断和行业壁垒，营造检验检测机构平等参与竞争的良好环境，尽快形成具有权威性和公信力的第三方检验检测机构。加强国家计量基标准建设和标准物质研究，推进先进计量技术和方法在企业的广泛应用。

3. 搭建持续创新平台。加强研发机构建设，支持有实力的企业牵头开展行业共性关键技术攻关，加快突破制约行业发展的技术瓶颈，推动行业创新发展。鼓励具备条件的企业建设产品设计创新中心，提高产品设计能力，针对消费趋势和特点，不断开发新产品。支持重点企业利用互联网技术建立大数据平台，动态分析市场变化，精准定位消费需求，为开展服务创新和商业模式创新提供支撑。加速创新成果转化成现实生产力，催生经济发展新动能。

4. 增强品牌建设软实力。培育若干具有国际影响力的品牌评价理论研究机构和品牌评价机构，开展品牌基础理论、价值评价、发展指数等研究，提高品牌研究水平，发布客观公正的品牌价值评价结果以及品牌发展指数，逐步提高公信力。开展品牌评价标准建设工作，完善品牌评价相关国家标准，制定操作规范，提高标准的可操作性；积极参与品牌评价相关国际标准制定，推动建立全球统一的品牌评价体系，增强我国在品牌评价中的国际话语权。鼓励发展一批品牌建设中介服务企业，建设一批品牌专业化服务平台，提供设计、营销、咨询等方面的专业服务。

（二）供给结构升级工程。以增品种、提品质、创品牌为主要内容，从一、二、三产业着手，采取有效举措，推动供给结构升级。

1. 丰富产品和服务品种。支持食品龙头企业提高技术研发和精深加工能力，针对特殊人群需求，生产适销对路的功能食品。鼓励有实力的企业针对工业消费品市场热点，加快研发、设计和制造，及时推出一批新产品。支持企业利用现代信息技术，推进个性化定制、柔性化生产，满足消费者差异化需求。开发一批有潜质的旅游资源，形成以旅游景区、旅游度假区、旅游休闲区、国际特色旅游目的地等为支撑的现代旅游业品牌体系，增加旅游产品供给，丰富旅游体验，满足大众旅游需求。

2. 增加优质农产品供给。加强农产品产地环境保护和源头治理，实施严格的农业投入品使用管理制度，加快健全农产品质量监管体系，逐步实现农产品质量安全可追溯。全面提升农产品质量安全等级，大力发展无公害农产品、绿色食品、有机农产品和地理标志农产品。参照出口农产品种植和生产标准，建设一批优质农产品种植和生产基地，提高农产品质量和附加值，满足中高端需求。大力发展优质特色农产品，支持乡村创建线上销售渠道，扩大优质特色农产品销售范围，打造农产品品牌和地理标志品牌，满足更多消费者需求。

3. 推出一批制造业精品。支持企业开展战略性新材料研发、生产和应用示范，提高新材料质量，增强自给保障能力，为生产精品提供支撑。

优选一批零部件生产企业，开展关键零部件自主研发、试验和制造，提高产品性能和稳定性，为精品提供可靠性保障。鼓励企业采用先进质量管理方法，提高质量在线监测控制和产品全生命周期质量追溯能力。支持重点企业瞄准国际标杆企业，创新产品设计，优化工艺流程，加强上下游企业合作，尽快推出一批质量好、附加值高的精品，促进制造业升级。

4. 提高生活服务品质。支持生活服务领域优势企业整合现有资源，形成服务专业、覆盖面广、影响力大、放心安全的连锁机构，提高服务质量和效率，打造生活服务企业品牌。鼓励社会资本投资社区养老建设，采取市场化运作方式，提供高品质养老服务供给。鼓励有条件的城乡社区依托社区综合服务设施，建设生活服务中心，提供方便、可信赖的家政、儿童托管和居家养老等服务。

（三）需求结构升级工程。发挥品牌影响力，切实采取可行措施，扩大自主品牌产品消费，适应引领消费结构升级。

1. 努力提振消费信心。统筹利用现有资源，建设有公信力的产品质量信息平台，全面、及时、准确发布产品质量信息，为政府、企业和教育科研机构等提供服务，为消费者判断产品质量高低提供真实可信的依据，便于选购优质产品，通过市场实现优胜劣汰。结合社会信用体系建设，建立企业诚信管理体系，规范企业数据采集，整合现有信息资源，建立企业信用档案，逐步加大信息开发利用力度。鼓励中介机构开展企业信用和社会责任评价，发布企业信用报告，督促企业坚守诚信底线，提高信用水平，在消费者心目中树立良好企业形象。

2. 宣传展示自主品牌。设立“中国品牌日”，大力宣传知名自主品牌，讲好中国品牌故事，提高自主品牌影响力和认知度。鼓励各级电视台、广播电台以及平面、网络等媒体，在重要时段、重要版面安排自主品牌公益宣传。定期举办中国自主品牌博览会，在重点出入境口岸设置自主品牌产品展销厅，在世界重要市场举办中国自主品牌巡展推介会，扩大自主品牌的知名度和影响力。

3. 推动农村消费升级。加强农村产品质量安全和消费知识宣传普及，提高农村居民质量安全意识，树立科学消费观念，自觉抵制假冒伪劣产品。开展农村市场专项整治，清理“三无”产品，拓展农村品牌产品消费的市场空间。加快有条件的乡村建设光纤网络，支持电商及连锁商业企业打造城乡一体的商贸物流体系，保障品牌产品渠道畅通，便捷农村消费品牌产品，让农村居民共享数字化生活。深入推进新型城镇化建设，释放潜在消费需求。

4. 持续扩大城镇消费。鼓励家电、家具、汽车、电子等耐用消费品更新换代，适应绿色环保、方便快捷的生活需求。鼓励传统出版企业、广播影视与互联网企业合作，加快发展数字出版、网络视听等新兴文化产业，扩大消费群体，增加互动体验。有条件的地区可建设康养旅游基地，提供养老、养生、旅游、度假等服务，满足高品质健康休闲消费需求。合理开发利用冰雪、低空空域等资源，发展冰雪体育和航空体育产业，支持冰雪运动营地和航空飞行营地建设，扩大体育休闲消费。推动房车、邮轮、游艇等高端产品消费，满足高收入群体消费升级需求。

五、保障措施

（一）净化市场环境。建立更加严格的市场监管体系，加大专项整治联合执法行动力度，实现联合执法常态化，提高执法的有效性，追究执法不力责任。严厉打击侵犯知识产权和制售假冒伪劣商品行为，依法惩治违法犯罪分子。破除地方保护和行业壁垒，有效预防和制止各类垄断行为和不正当竞争行为，维护公平竞争市场秩序。

（二）清除制约因素。清理、废除制约自主品牌产品消费的各项规定或做法，形成有利于发挥品牌引领作用、推动供给结构和需求结构升级的体制机制。建立产品质量、知识产权等领域失信联合惩戒机制，健全黑名单制度，大幅提高失信成本。研究提高违反产品质量法、知识产权保护相关法律法规等犯罪行为的量刑标准，建立商品质量惩罚性赔偿制度，对相关企业、责任人依法实行市场禁入。完善汽车、计算机、家电等耐用消费品举证责任倒置制度，降低消费者维权成本。支持高等院校开设品牌相关课程，培养品牌创建、推广、维护等专业人才。

（三）制定激励政策。积极发挥财政资金引导作用，带动更多社会资本投入，支持自主品牌发展。鼓励银行业金融机构向企业提供以品牌为基础的商标权、专利权等质押贷款。发挥国家奖项激励作用，鼓励产品创新，弘扬工匠精神。

（四）抓好组织实施。各地区、各部门要统一思想、提高认识，深刻理解经济新常态下发挥品牌引领作用、推动供给结构和需求结构升级的重要意义，切实落实工作任务，扎实推进重大工程，力争尽早取得实效。国务院有关部门要结合本部门职责，制定出台具体的政策措施。各省级人民政府要结合本地区实际，制定出台具体的实施方案。

国务院办公厅

2016 年 6 月 10 日

国家发展改革委等部门关于新时代推进品牌建设的指导意见

各省、自治区、直辖市及计划单列市、新疆生产建设兵团发展改革委、工业和信息化主管部门、农业农村（农牧）厅（局、委）、商务主管部门、国资委、市场监管局（厅、委）、知识产权局，各中央企业：

品牌是高质量发展的重要象征，加强品牌建设是满足人民美好生活需要的重要途径。近年来，我国品牌建设取得积极进展，品牌影响力稳步提升，对供需结构升级的推动引领作用显著增强。同时也要看到，新一轮科技革命和产业变革深入发展，品牌发展理念和实践深刻变革，我国品牌发展水平与全面建设现代化国家的要求相比仍有差距。为高质量推进品牌建设工作，全面提升我国品牌发展总体水平，提出意见如下。

一、总体要求

（一）总体思路。以习近平新时代中国特色社会主义思想为指导，全面贯彻党的十九大和十九届历次全会精神，深入贯彻习近平总书记关于品牌建设的重要指示精神，立足新发展阶段，完整、准确、全面贯彻新发展理念，构建新发展格局，以深化供给侧结构性改革为主线，以满足人民群众日益增长的美好生活需要为根本目的，坚持质量第一、创新引领，开展中国品牌创建行动。适应新时代新要求，进一步引导企业加强品牌建设，进一步拓展重点领域品牌，持续扩大品牌消费，营造品牌发展良好环境，促进质量变革和质量提升，推动中国制造向中国创造转变、中国速度向中国质量转变、中国产品向中国品牌转变，久久为功促进品牌建设高质量可持续发展。

（二）发展目标。到2025年，品牌建设初具成效，品牌对产业提升、区域经济发展、一流企业创建的引领作用更加凸显，基本形成层次分明、优势互补、影响力创新力显著增强的品牌体系，品牌建设促进机制和支撑体系更加健全，培育一批品牌管理科学规范、竞争力不断提升的一流品牌企业，形成一批影响力大、带动作用强的产业品牌、区域品牌，中国品牌世界共享取得明显实效，人民群众对中国品牌的满意度进一步提高。

到2035年，品牌建设成效显著，中国品牌成为推动高质量发展和创造高品质生活的有力支撑，形成一批质量卓越、优势明显、拥有自主知识产权的企业品牌、产业品牌、区域品牌，布局合理、竞争力强、充满活力的品牌体系全面形成，中国品牌综合实力进入品牌强国前列，品牌建设不断满足人民群众日益增长的美好生活需要。

二、培育产业和区域品牌

（一）打造提升农业品牌。实施农业品牌精品培育计划，聚焦粮食生产功能区、重要农产品保护区、特色农产品优势区和现代农业产业园等，打造一批品质过硬、特色突出、竞争力强的精品区域公用品牌。深入实施农业生产“三品一标”（品种培优、品质提升、品牌打造和标准化生产）提升行动，加强绿色、有机和地理标志农产品培育发展，打造一批绿色优质农产品品牌。开展脱贫地区农业品牌帮扶，聚焦特色产业，支持培育一批特色农产品品牌。加强科技创新、质量管理、市场营销，打造一批产品优、信誉好、产业带动性强、具有核心竞争力的合作社品牌、家庭农场品牌和农业领军企业品牌。发展乡村新产业新业态，围绕休闲农业、乡村服务业等，打造一批新型农业服务品牌。

（二）壮大升级工业品牌。大力实施制造业“增品种、提品质、创品牌”行动，形成有影响力的“中国制造”卓著品牌，培育一批先进制造业集群品牌。引导装备制造业加快提质升级，推动产品供给向“产品＋服务”转型，在轨道交通、电力、船舶及海洋工程、工程机械、医疗器械、特种设备等装备领域，培育一批科研开发与技术创新能力强、质量管理优秀的系统集成方案领军品牌和智能制造、服务型制造标杆品牌。鼓励消费品行业发展个性定制、规模定制，在汽车、纺织服装、消费类电子、家用电器、食品、化妆品等领域，培育一批高端品牌、“专精特新”企业。推动电子信息产业创新发展和原材料产业关键技术攻关，培育一批竞争力强的品牌企业。加强工业产品质量安全监管，督促企业落实质量主体责任，提升质量管理数字化水平，提高产品技术质量性能、稳定性和可靠性。

（三）做强做精服务业品牌。加强服务品牌意识，提升服务品牌价值。推动金融、物流、研发设计、商务咨询、人力资源、节能环保等生产性服务业向专业化和价值链高端延伸，培育具有国际竞争力的生产性服务品牌。推动商贸、健康、养老、托育、文化、旅游、体育、家政、餐饮等生活性服务业向高品质和多样化升级，创新发展体验服务、共享服务、智慧服务等新业态新模式，培育专业度高、覆盖面广、影响力大、放心安全的服务精品，推动形成服务优质、应用面广的在线服务品牌。面向产业数字化发展需求，围绕人工智能、5G、工业互联网、智慧城市、智慧农业等领域，培育优质数字化品牌。实施“数商兴农”，培育电商优质品牌。

（四）培育区域品牌。鼓励各地围绕区域优势特色产业，打造竞争力强、美誉度高的区域品牌。支持产业联盟、行业协会商会、企业等共建区域品牌，在商标标识、质量标准等方面加强协调，宣传推介区域品牌形象。构建区域品牌质量标准、认证和追溯体系，推动产业集群质量品牌提升。充分发挥集体商标、证明商标制度作用，加强区域品牌运用、价值评估和知识产权融资，强化区域品牌使用管理和保护。加强地理标志的品牌培育和展示推广，推动地理标志与特色产业发展、生态文明建设、历史文化传承、乡村振兴等有机融合，提升区域品牌影响力和产品附加值。

三、支持企业实施品牌战略

（一）提升技术和质量水平。支持企业深入开展质量提升行动，实施全产业链质量提升，加强企业技术创新和产业链协同联动，促进技术迭代和质量升级。支持企业推进生产自动化、智能化、绿色化，构建规范化、标准化、精细化的运营体系。鼓励企业推广先进质量管理模式，开展质量管理数字化升级，建立全周期全流程质量安全追溯体系。鼓励企业完善测量管理体系，夯实高质量发展的计量能力和水平。开展对标达标提升行动，鼓励企业制定高于国际标准、国家标准水平的企业标准，推动形成一批具有引领带动作用的企业标准“领跑者”和一批具有市场竞争力的“领跑者”标准。

（二）塑造提升品牌形象。鼓励企业推进产品设计、文化创意、技术创新与品牌建设融合发展，建设品牌专业化服务平台，提升品牌营销服务、广告服务等策划设计水平。实施商标品牌战略，加强商标品牌指导站建设，培育知名商标品牌。引导企业诚实经营，信守承诺，积极履行社会责任，塑造良好品牌形象。支持企业强化商标品牌资产管理，提升品牌核心价值和品牌竞争力。

（三）丰富品牌文化内涵。积极推动中华文化元素融入中国品牌，深度挖掘中华老字号文化、非物质文化遗产、节庆文化精髓，彰显中国品牌文化特色。推进地域文化融入品牌建设，弘扬地域生态、自然地理、民族文化等特质。培育兼容产业特性、现代潮流和乡土特色、民族风情的优质品牌。

（四）发挥大型骨干企业示范引领作用。推动大型骨干企业特别是中央企业进一步发挥示范引领作用，深入实施中央企业品牌提升专项行动，加大品牌建设投入，积极推进全面品牌管理，促进品牌建设与企业经营良性互动，形成一批具有中国特色的品牌建设实践经验。支持大型骨干企业融入国家形象塑造，参与国际重大交流活动，传递中国品牌理念，不断增强全球消费者对中国制造、中国建造、中国服务的品牌认同。

四、扩大品牌影响力

（一）鼓励品牌消费。以质量品牌为重点，促进消费向绿色、健康、安全发展。广泛开展品牌宣传推广工作，推进品牌故事“走基层、入民心”，引导消费者认可、信任优质品牌。鼓励企业在重大装备和重点工程中使用优质品牌产品。创新数字化消费新场景，鼓励有条件的地方和企业持续培育新型消费。依托中国品牌日系列活动和中国农民丰收节、全国消费促进月、双品网购节等重要活动，营造品牌消费良好氛围。

（二）引导品牌国际化。鼓励企业实施品牌国际化战略，拓展国际市场。引导企业构建研发、采购、生产、品牌建设推广、售后服务一体化体系，开展商标海外布局。鼓励品牌企业与国际品牌企业合作，提高品牌国际化运营能力。引导行业龙头企业带动中小企业联合开展海外品牌建设推广，合作共建展销中心、营销渠道、服务网络、研发体系和公共海外仓。支持企业参加海外品牌展示和推广活动。

（三）积极参与国际合作。推动完善品牌相关的知识产权国际规则和标准。推进重点领域计量、标准、检验检测、认证认可结果国际采信、互认。推动行业协会、品牌服务机构与国外相关组织开展合作交流。鼓励品牌研究和标准化活动国际合作，积极开展品牌评价、品牌管理等领域国际标准的制修订，加快品牌标准应用和标准信息共享。

五、夯实品牌建设基础

（一）加强品牌保护。统筹推进商标、字号、专利、著作权等保护工作，加强驰名商标保护，严厉打击商标侵权等违法行为。完善跨部门、跨区域知识产权执法协作机制，加强知识产权信息公共服务资源供给，推进商标、地理标志等知识产权数据共享，依法依规加强知识产权领域信用体系建设。支持企业加强商标品牌保护，完善商标品牌维权与争端解决机制，推进商标数据国际交换与应用，推动商标品牌保护、纠纷处置的跨国协作。加强国家海外知识产权纠纷应对指导中心、国家海外知识产权信息服务平台等建设，开展海外纠纷应对指导服务。

（二）强化质量基础设施。建设若干国家级质量标准实验室。推进品牌培育、品牌管理、品牌评价等标准化建设，构建完善的品牌标准体系。开展“标准化＋”行动，促进全域标准化深度发展。推动标准升级迭代和国际标准转化应用，加快建立健全质量分级制度，推动实施中国精品培育行动。推动国家现代先进测量体系建设，加强计量测试技术研究。鼓励符合条件的地区建设检验检测认证公共服务平台，实施质量基础设施拓展伙伴计划，打造质量基础设施集成服务基地。

（三）加强人才队伍建设。支持企业实施品牌人才提升计划，完善品牌人才引进和培养培训机制，提高品牌创建、运营和管理能力。鼓励企业联合高等院校开设品牌理论和应用管理课程，培养一批具有国际视野和品牌管理专业素质的企业家、管理人才。支持企业加强品牌适用人才培训，鼓励企业和专业机构、职业学校开展品牌管理职业培训，培养品牌建设专业人才。弘扬工匠精神，培养造就一批高素质技术技能人才。

六、组织保障

（一）加强组织协调。坚持党对新时代品牌建设工作的领导，把党的领导贯彻到品牌建设工作的各领域各方面各环节。深入贯彻落实党中央、国务院决策部署，充分认识品牌建设的重大意义，强化组织实施，完善工作机制。国家发展改革委要加强统筹协调，会同中宣部、工业和信息化部、农业农村部、商务部、国务院国资委、市场监管总局、国家知识产权局等部门，按照职能分工，对品牌建设加强指导，协同配合，形成合力，扎实推进品牌建设工作。

（二）营造良好环境。深化“放管服”改革，加快构建适于品牌发展的产业生态和制度环境，健全品牌发展法律法规，完善市场监管。支持自由贸易试验区在推进品牌建设方面深化改革创新，发挥示范引领作用。持续开展国际消费中心城市培育建设，推动城市商圈、重点商业街区、社区生活网点、步行街等错位发展、优化布局。不断完善品牌建设支持政策，鼓励企业加大品牌建设投入、建立品牌管理体系、提高品牌培育能力。健全国家质量奖励制度，鼓励地方对质量水平先进、品牌影响力突出的组织实施激励。

（三）培育品牌标杆。鼓励重点行业和领域企业开展品牌建设行动，培育一批重点行业和领域精品品牌，打造世界知名品牌企业和品牌产品。发挥品牌标杆示范作用，引导区域、行业、企业开展对标提升行动，增强品牌培育和管理能力。适时总结推广全国品牌建设典型经验和做法。

（四）加强品牌宣传。深入开展中国品牌日、“质量月”、全国知识产权宣传周等活动，推动全社会形成爱护品牌、享受品牌的良好氛围。围绕“中国品牌 世界共享”主题，持续办好中国品牌博览会、中国品牌发展国际论坛、行业和地方特色品牌创建活动等。鼓励开展中国品牌海外展示专题活动，讲好中国品牌故事。

国家发展改革委
工业和信息化部
农业农村部
商务部
国务院国资委
市场监管总局
国家知识产权局
2022 年 7 月 29 日

“十四五”推进农业农村现代化规划（摘编）

加强特色农产品优势区建设。发掘特色资源优势，建设特色农产品优势区，完善特色农产品优势区体系。强化科技支撑、质量控制、品牌建设和产品营销，建设一批特色农产品标准化生产、加工和仓储物流基地，培育一批特色粮经作物、园艺产品、畜产品、水产品、林特产品产业带。

深入推进农业科技创新，健全完善经营机制，推动品种培优、品质提升、品牌打造和标准化生产，不断提高农牧渔业发展水平。

农业生产“三品一标”提升行动。培育一批有自主知识产权的核心种源和节水节肥节药新品种，建设 800 个绿色标准化农产品生产基地、500 个畜禽养殖标准化示范场，打造 300 个以上国家级农产品区域公用品牌、500 个以上企业品牌、1000 个以上农产品品牌。

提升农业标准化水平。建立健全农业高质量发展标准体系，制修订粮食安全、种业发展、耕地保护、产地环境、农业投入品、农药兽药残留等标准，强化农产品营养品质评价和分等分级。开展农业标准化示范创建，加快现代农业全产业链标准化。加强绿色食品、有机农产品、地理标志农产品认证和管理，建立健全农业品牌监管机制。

（三）党的十八大以来农业农村部一号文件（摘编）

1. 2012 年农业部一号文件《农业部关于做好 2012 年农业农村经济工作的意见》：

加快农业标准制修订步伐，加强“三品一标”认证监管，支持农业标准化整体推进示范，启动全国农产品质量安全监管示范县建设。

举办多形式、多层次的农产品产销对接活动，办好第十届中国国际农产品交易会等活动，培育农产品展会品牌。

进一步优化农业生产力布局，积极发展区域特色产业，加强特色农产品品牌创立和保护，努力打造高效精品农业，提高农业效益。认定第二批全国一村一品示范村镇，发挥专业村镇、龙头企业、种养大户的带动作用，促进节本提质增效。

2. 2013年农业部一号文件《农业部关于做好2013年农业农村经济工作的意见》：

推动农业标准化生产，加快农兽药残留标准制修订，强化“三品一标”认证监管，加强农产品产地环境质量安全监测监督。

推进种子企业诚信建设，加强行业自律，打造企业品牌。

继续推进农业品牌建设。统筹农业会展，培育品牌展会，改进办展方式，提高办展实效。

加大休闲农业公共服务力度，启动休闲农业品牌培育试点工作，着力创建一批主导产业突出、环境友好、文化浓郁的休闲农业优势产业带和产业群。

推动农业标准化生产，加快农兽药残留标准制修订，强化“三品一标”认证监管，加强农产品产地环境质量安全监测监督。

立足资源禀赋，进一步优化农业生产力布局，优化种养品种结构，推进一村一品强村富民工程，培育特色高效产业。

3. 2014年农业部一号文件《农业部关于切实做好2014年农业农村经济工作的意见》：

开展园艺作物品种改良、品质改进和品牌创建提升行动，加强天然橡胶等热带作物生产基地建设。

稳步发展无公害农产品、绿色食品、有机农产品和地理标志农产品。

加快培育高产、优质、高效、生态、安全的区域特色农业，继续推进“一村一品”强村富民工程，发展优质安全农产品，推进农产品品牌创立和保护，强化农产品产销衔接，增加农业经营收益。

4. 2015年农业部一号文件《农业部关于扎实做好2015年农业农村经济工作的意见》：

大力发展名特优新农产品，扩大无公害农产品、绿色食品、有机农产品和地理标志农产品生产规模，打造一批农业标准化生产基地。

推动建立品牌农业制度体系，培育农产品知名品牌。

支持开展境外农业合作开发，推进科技示范园区建设，开展技术培训、科研成果示范、品牌推广等服务。

推进“一村一品”强村富民工程，认定第五批全国一村一品示范村镇。扶持发展一乡（县）一业，壮大县域经济。

5.2016 年农业部一号文件《农业部关于扎实做好 2016 年农业农村经济工作的意见》：

探索建立大豆、棉花、油料、糖料蔗等重要农产品生产保护区，加快推动园艺作物品种改良、品质改进和品牌创建，继续开展北方城市冬季设施蔬菜开发试点。

扩大无公害农产品、绿色食品、有机农产品生产规模，加强农产品地理标志登记保护，着力打造一大批农业标准化生产基地。

实施农业品牌战略，加强品牌培育塑造和营销推介，推动实现优质优价。

支持粮食主产区发展粮食深加工，继续加强农产品加工科技创新和推广，深入开展加工副产物综合利用试点，实施主食加工和农产品加工质量品牌提升行动。

6.2017 年农业部一号文件《农业部关于推进农业供给侧结构性改革的实施意见》：

大力推进农业标准化生产，加快制定农业标准化生产评价办法，开展特色农产品标准化生产示范，建设一批地理标志农产品和原产地保护基地，新创建一批畜禽水产健康养殖场、热作标准化生产示范园。

支持新型农业经营主体开展“三品一标”认证登记，加快提升绿色、有机农产品认证的权威性和公信力。

全面推进奶业振兴，重点支持适度规模和种养结合家庭牧场，推动优质奶源基地建设，加强生产过程管控，引导扩大生鲜乳消费，培育国产优质品牌。

深入实施质量品牌提升行动，促进农产品加工业转型升级。

加快推进农业品牌建设。深入实施农业品牌战略，支持地方以优势企业、产业联盟和行业协会为依托，重点在粮油、果茶、瓜菜、畜产品、水产品等大宗作物及特色产业上培养一批市场信誉度高、影响力大的区域公用品牌、企业品牌和产品品牌。强化品牌培育塑造，发布中国农业品牌发展指导文件，探索建立农业品牌目录制度及品牌评价体系，发布 100 个区域公用品牌。组织开展品牌培训，强化经验交流，提升农业品牌建设与管理的能力和水平。搭建品牌农产品营销推介平台，将 2017 年确定为“农业品牌推进年”，举办中国农业品牌发展大会、中国国际农产品交易会、中国国际茶叶博览会等品牌推介活动，推进系列化、专业化的大品牌建设（市场司牵头）。

推进贫困地区区域农产品公共品牌建设，加大农产品市场开拓力度（市场司牵头）。

实施贫困村“一村一品”产业推进行动，支持开展示范村镇创建，扶持建设一批贫困人口参与度高的特色农业基地（经管司牵头）。

7. 2018 年农业部一号文件《农业部关于大力实施乡村振兴战略加快推进农业转型升级的意见》：

当前，我国农业进入高质量发展阶段，要按照高质量发展的要求，推动农业尽快由总量扩张向质量提升转变，唱响质量兴农、绿色兴农、品牌强农主旋律，加快推进农业转型升级。

坚持质量第一，推进质量兴农、品牌强农。

坚持抓产业必须抓质量，抓质量必须树品牌，坚定不移推进质量兴农、品牌强农，提高农业绿色化、优质化、特色化、品牌化水平。将 2018 年确定为“农业质量年”，制定和实施国家质量兴农战略规划。

加快国家农产品质量安全追溯平台推广应用，将农产品追溯与项目安排、品牌评定等挂钩，率先将绿色、有机、品牌农产品纳入追溯管理，选择 10 个省份开展追溯示范试点。

实施品牌提升行动。将品牌打造与粮食生产功能区、重要农产品生产保护区、特色农产品优势区建设，绿色、有机等产品认证紧密结合，打造一批国家级农产品区域公用品牌、全国知名企业品牌、大宗农产品品牌和特色农产品品牌，保护地理标志农产品。实施产业兴村强县行动，推进一村一品、一县一业发展。强化品牌质量管控，建立农业品牌目录制度，实行动态管理。办好中国国际农产品交易会、中国国际茶叶博览会等展会。开展绿色食品进超市、进社区、进学校活动。建立健全品牌创建激励保护机制，鼓励媒体宣传推介优质品牌。

鼓励各地因地制宜开展农业嘉年华、休闲农业特色村镇、农事节庆等形式多样的品牌创建和推介活动。

继续举办中国奶业20强企业峰会，推进奶酪校园推广行动，提升中国奶业品牌影响力，引导扩大乳品消费。

8.2019年农业农村部一号文件《中央农村工作领导小组办公室 农业农村部关于做好2019年农业农村工作的实施意见》：

深入推进品牌强农。加强农业品牌创建、培育和保护。实施中国农业品牌目录制度，建立分类别多层级的中国农业品牌目录体系，建立健全支持农业品牌的政策体系和管理制度。制定中国农业品牌评价标准，建立区域公用品牌、企业品牌和产品品牌评价标准体系。创新品牌营销推介，塑强一批国家级农业品牌，创响一批“土字号”“乡字号”特色产品品牌。强化农业品牌监管，重点抓好质量安全、诚信建设等关键环节，加强对国家级农业品牌动态管理。加快中国农业品牌“走出去”步伐。

因地制宜发展多样性特色农业，倡导“一村一品”“一县一业”，积极发展果菜茶、食用菌、杂粮杂豆、薯类、中药材、特色养殖等产业。

9.2020年农业农村部一号文件《农业农村部关于落实党中央、国务院2020年农业农村重点工作部署的实施意见》：

制修订1000项质量安全标准，加强绿色食品、有机农产品、地理标志农产品认证和管理。推动出台发展地理标志农产品的指导意见。开展国家农业品牌营销行动，加强农业品牌规范化管理。

推进农垦主导优势产业发展，加强农垦公共品牌建设。

10.2021年农业农村部一号文件《农业农村部关于落实好党中央、国务院2021年农业农村重点工作部署的实施意见》：

强化农产品质量安全。推进品种培优、品质提升、品牌打造和标准化生产，开展现代农业全产业链标准化试点，推动新型农业经营主体按标生产。

创建100个国家农产品质量安全县，认定登记1万个绿色、有机、地理标志农产品，支持200个地理标志农产品发展。加强特色农产品优势区建设，制定农业品牌建设标准，打造一批精品区域公用品牌。

推行稻米、生鲜乳、标杆牧场等农垦团体标准，加强公共品牌建设。

11.2022年农业农村部一号文件《农业农村部关于落实党中央国务院2022年全面推进乡村振兴重点工作部署的实施意见》：

开展脱贫地区农业品牌公益帮扶，支持脱贫地区经营主体参加各类展示展销活动，促进与农产品流通企业、电商平台精准对接。

推进农业生产“三品一标”。深入推进农业品种培优、品质提升、品牌打造和标准化生产提升行动，增加绿色优质农产品供给。强化标准引领。实施农业标准化提升计划，制修订500项农兽药残留等国家标准和行业标准，遴选10个农产品开展现代农业全产业链标准化试点，创建100个国家级标准化示范基地。以粮食、果蔬、畜禽等品种为重点，开展特色优质农产品品质评价，推进农产品分等分级。强化全域推进。依托国家农业现代化示范区、农业绿色发展先行区、农产品质量安全县、现代农业产业园等，全域全面推行农业生产“三品一标”，建设一批展示基地，遴选推介典型技术模式。强化品牌打造。出台发展农产品“三品一标”指导意见，加强绿色、有机、地理标志农产品认证登记管理。实施地理标志农产品保护工程，支持200个地理标志农产品发展，打造农业生产和农产品“三品一标”协同发展典型。实施农业品牌精品培育计划，加快农业品牌标准体系建设。

深化社企对接服务，确定一批社企对接重点县，遴选一批优质企业，解决主体市场营销、品牌培育等共性难题。

12. 2023年农业农村部一号文件《农业农村部关于落实党中央国务院2023年全面推进乡村振兴重点工作部署的实施意见》：

开展消费帮扶助农增收，支持脱贫地区打造区域公用品牌，建立农产品滞销卖难应急处置机制。

深入推进农业生产和农产品“三品一标”，扩大绿色、有机、地理标志和名特优新产品规模。

强化品牌创建。深入实施地理标志农产品保护工程。建立健全优质农产品生产基地，完善农业品牌目录制度，实施农业品牌精品培育计划，加快农业品牌标准体系建设。

指导地方因地制宜制定重点产业清单，推动标准化生产、规模化发展、品牌化营销。

深入实施欠发达农场特色产业提升行动和品牌强垦行动，培育壮大农场优势特色产业。

支持建设一批优势特色产业集群、国家现代农业产业园、农业产业强镇，深入推进农业现代化示范区创建，推介一批农业全产业链重点链和典型县，认定一批全国“一村一品”示范村镇。

（四）农业农村部重要农业品牌政策文件

农业农村部办公厅关于印发《支持脱贫地区打造区域公用品牌实施方案（2023—2025 年）》的通知

各省、自治区、直辖市农业农村（农牧）厅（局、委），新疆生产建设兵团农业农村局：

为贯彻落实 2023 年中央一号文件精神，支持脱贫地区区域公用品牌打造，促进实现巩固拓展脱贫攻坚成果同乡村振兴有效衔接，农业农村部制定了《支持脱贫地区打造区域公用品牌实施方案》。现印发你们，请结合本地实际抓好贯彻落实，细化实施方案，明确目标任务、工作措施和时间进度，强化责任落实，确保工作取得实效。

农业农村部市场与信息化司

联系人和联系方式：刘伟安　白　玲

010-59191409，59191598

邮箱：scsltc@163.com

中国绿色食品发展中心

联系人和联系方式：张　月　李连海

010-59193685，59193681

邮箱：ppfzc@greenfood.org

支持脱贫地区打造区域公用品牌实施方案（2023—2025 年）

产业振兴是乡村振兴的重中之重，农业品牌是产业兴旺的重要标志。支持脱贫地区打造区域公用品牌是引领产业高质量发展的重要引擎，是实现产业兴旺的重要着力点，是巩固拓展脱贫攻坚成果、全面推进乡村振兴的重要抓手。为贯彻落实中央一号文件精神，加大脱贫地区区域公用品牌建设力度，促进巩固拓展脱贫攻坚成果同乡村振兴有效衔接，制定本方案。

一、指导思想

以习近平新时代中国特色社会主义思想为指导，深入贯彻习近平总书记关于脱贫地区产业帮扶还要继续补上技术、设施、营销等短板，促进产业提档升级等重要讲话和指示批示精神，落实党中央、国务院有关决策部署，以“强产业优供给，树品牌提效益”为目标，做好“土特产”文章，打牢品牌根基，壮大品牌主体，促进渠道对接，强化营销推广，带动脱贫地区产业提质增效和农民增收，切实增强脱贫地区和脱贫群众内生发展动力，为全面推进乡村振兴、加快农业农村现代化提供有力支撑。

二、实施原则

本方案支持打造的区域公用品牌是指在一个具有特定自然生态环境、历史人文因素的明确生产区域内，由相关组织所有，由若干农业生产经营主体共同使用的农产品品牌。品牌名称由“产地名＋产品名”构成，产地为县级或地市级。支持脱贫地区打造区域公用品牌坚持以下原则。

——因地制宜，科学谋划。立足区域发展实际，统筹产业发展和市场消费需求，因地制宜选准产业，充分结合资源禀赋、产业特色、历史人文等区域优势，聚焦主导特色产业，坚持标准引领，明确品牌发展定位，制定品牌发展规划，探索一条有稳定质量、有鲜明特色、有文化内涵的区域公用品牌发展之路。

——问题导向，精准施策。紧盯脱贫地区产业发展基础不牢、产品同质化、营销推广能力弱、产销渠道不畅、品牌人才匮乏等问题，整合多方资源，科学精准施策，解决品牌打造难点痛点问题，提高脱贫地区区域公用品牌知名度美誉度影响力，全面提升品牌市场竞争力。

——市场引领，促进增收。以市场需求为导向，引领主导产业转型升级，提升产品质量，优化市场供给，促进渠道嫁接和销售转化，提高品牌溢价能力。推动区域公用品牌建设与农文旅深度融合，拓宽农民致富渠道，促进脱贫地区农民稳定增收。

——激发动力，协同联动。充分发挥市场在资源配置中的决定性作用，通过优质优价市场机制，优化资源配置，激发广大企业和农民参与打造品牌动力，广泛动员社会力量参与，形成支持脱贫地区区域公用品牌打造强大合力。

三、主要目标

到2025年，脱贫地区品牌打造能力明显提升，品牌产品市场占有率、溢价能力明显提高，品牌引领提升产业质量效益和竞争力作用明显加强，塑强50个质量过硬、特色鲜明、带动力强的精品区域公用品牌，打造200个具有一定知名度和影响力的地域性区域公用品牌，带动培育300个具有市场竞争力的核心授权企业品牌和600个特色优质农产品品牌，推动建设一批质量水平高、供给能力强的农产品原料基地品牌。

四、重点任务

（一）壮大主导产业，推动全产业链升级。深入实施脱贫地区特色种养业提升行动，突出"土特产"要求，指导脱贫地区依托资源优势和产业基础，培育一批成长性好、带动性强的主导产业。发挥现代农业产业技术体系技术支撑作用，增强综合试验站在脱贫地区辐射带动能力，用好科技特派团和产业顾问组，以"一县一团"方式进行帮扶。推进产业全链开发，引导龙头企业到脱贫地区建设农产品加工基地，支持建设一批田头冷藏保鲜设施和产地冷链集配中心，提升脱贫地区农产品加工、仓储保鲜、运输销售等能力。推进产业集聚发展，现代农业产业园、农业产业强镇、农业全产业链重点链和典型县等项目继续倾斜支持脱贫地区。省级农业农村部门要在巩固提升粮食产能的基础上，持续支持脱贫地区壮大特色主导产业，补齐产业短板弱项，推动农业从种养环节向农产品加工流通等二、三产业延伸，加快主导产业全链条升级，增强市场竞争力和可持续发展能力。（农业农村部发展规划司、乡村产业发展司、市场与信息化司、科技教育司、种植业管理司、畜牧兽医局、渔业渔政管理局按职能分别负责，省级农业农村部门）

（二）提升供给质量，夯实品牌发展根基。指导脱贫地区统筹推进农业生产和农产品"三品一标"。以市场需求为导向，坚持种质资源保护与品种培优相结合，挖掘传统品种优良基因，开展地区特色品种提纯复壮，加快淘汰品质差、效益低、老化退化品种。指导脱贫地区开展优质农产品基地建设，推动全产业链标准化建设，择优纳入国家级优质农产品生产基地和重点县及现代农业全产业链标准化基地，支持打造一批农产品原料基地品牌。支持脱贫地区发展绿色食品、有机农产品和名特优新农产品，推动实施良好农业规范，设立绿色通道，提供技术指导，加快审核审批，其中绿色食品申报费用全免，有机农产品认定减免，符合条件的品牌及产品优先纳入农业品牌目录。省级农业农村部门要指导脱贫地区以两个“三品一标”为抓手，着力增加绿色优质农产品供给，持续扩大绿色、有机、地理标志和名特优新农产品生产规模，加强质量安全监管，以高质量供给夯实品牌发展根基。（农业农村部发展规划司、市场与信息化司、农产品质量安全监管司、种业管理司按职能分别负责，省级农业农村部门）

（三）强化市场跟踪，做好品牌战略布局。成立脱贫地区区域公用品牌建设专家指导组，重点围绕 832 个脱贫县主导产业开展市场跟踪监测，分析研判市场趋势，指导脱贫地区根据市场细分和目标市场选择，明确品牌发展定位，制定完善品牌发展规划。鼓励科研院所、行业协会、电商平台等，围绕脱贫地区特色资源和产业特点，开展行业发展动态和品牌消费市场专题研究，及时发布研究成果，为脱贫地区区域公用品牌打造提供信息支撑。持续发布《我国特色农产品市场与产业分析报告》，编制《脱贫地区区域公用品牌电商消费指南》，为脱贫地区区域公用品牌打造提供方向指引和参考路径。省级农业农村部门要成立品牌建设专家指导组，指导本辖区脱贫地区品牌打造，加强主导产业市场监测和预警分析，指导脱贫地区做好品牌定位，科学制定品牌发展规划，做到一张蓝图绘到底。（农业农村部市场与信息化司，省级农业农村部门）

（四）壮大品牌主体，提高品牌建设运营能力。启动脱贫地区农业品牌带头人培育计划，乡村产业振兴带头人培育“头雁”项目、农村实用人才带头人培训等倾斜支持区域公用品牌持有主体，提升脱贫地区区域公用品牌管理运营能力。深入开展脱贫地区农业品牌建设和电商发展培训服务活动，加强品牌标准宣贯，增强主体品牌培育和保护能力。鼓励脱贫地区组建或培育农业产业化联合体，承担区域公用品牌运营职能，统一开展品牌营销传播、渠道开发、品牌保护等，推动构建利益联结机制，促进品牌共创共护共享。重点加强新型农业经营主体带头人培训，提高脱贫地区新型农业经营主体品牌化经营的主动性。省级农业农村部门要加强区域公用品牌主体培育，强化人才支撑，组织开展培训服务活动，2025 年实现本辖区脱贫地区区域公用品牌持有主体及核心授权主体负责人培训全覆盖，每个脱贫县重点培育 3～5 个品牌电商带头人。（农业农村部人事司、乡村产业发展司、农村合作经济指导司、市场与信息化司按职能分别负责，省级农业农村部门）

（五）开展品牌帮扶，强化样板示范带动。深入实施脱贫地区农业品牌帮扶行动，重点支持农业农村部 20 个品牌帮扶重点县打造区域公用品牌，完善帮扶机制，总结帮扶模式，推动以点带面。用好东西部协作机制，组织东部地区农业品牌强县对协作地区脱贫县开展品牌帮扶。省级农业农村部门要全面启动脱贫地区区域公用品牌打造结对帮扶工作，结合产业发展实际和品牌打造不同路径，每年选择 3～5 个脱贫县“一对一”支持开展品牌建设，树立典型标杆，总结可借鉴可复制的做法经验，带动辖区内脱贫地区区域公用品牌打造能力全面提升。推出一批脱贫地区农业品牌打造样板县，品牌建设成效明显或成长性强的品牌，择优纳入农业农村部农业品牌精品培育计划。（农业农村部发展规划司、市场与信息化司按职能分别负责，省级农业农村部门）

（六）加强宣展推广，提高品牌认知度美誉度。启动脱贫地区区域公用品牌“亮牌”行动，挖掘传统农耕文化精髓，突出品牌特色，讲好品牌故事，传播品牌价值，树立品牌形象。建立脱贫地区区域公用品牌目录，编制《脱贫地区区域公用品牌大全》。利用中国农业品牌公共服务平台，建立脱贫地区区域公用品牌“一张图”，数字化呈现品牌建设成果，促进销售转化。启动脱贫地区农业品牌联展计划，充分利用传统媒体、新媒体等平台，加大脱贫地区区域公用品牌宣传推广力度，形成全方位展示、全媒体参与、全平台推广态势。用好中国农业品牌创新发展大会、绿色食品主题宣传等平台，推广脱贫地区区域公用品牌。省级农业农村部门要组织动员新闻媒体、互联网传播平台等，利用各类活动平台，加强品牌宣传推广，提高脱贫地区农业品牌知名度美誉度和影响力。（农业农村部办公厅、市场与信息化司、农产品质量安全监管司按职能分别负责，省级农业农村部门）

（七）支持渠道拓展，实现品牌营销增效。各级农业农村部门主办的农业展会、节庆活动、产销对接等要向脱贫地区倾斜，在展位费用、渠道对接、品牌推介等方面提供减免扶持政策。启动“千名采购商走进脱贫地区”全国行活动，组织开展系列脱贫地区农产品产销对接活动，重点在大湾区、长三角、京津冀等地区开展产销对接，支持脱贫地区与大型批发市场、大型商超等开展深度合作。支持粮油、果品、蔬菜、茶叶、畜牧、渔业等全国性专业行业协会，组织开展公益性品牌营销和产销对接活动，推动产销渠道精准对接。办好中国农民丰收节金秋消费季、“菜篮子”产品暨品牌农产品促消费活动、农业品牌热销、优质农产品消费促进行动等，促进脱贫地区品牌农产品销售。鼓励开展产地直播，支持优质特色品牌产品参与大型电商直播活动，优先推荐品牌农产品入驻“832平台”。依托全国公路、铁路、港口客运场站和高速公路服务区，丰富脱贫地区品牌农产品营销场景。省级农业农村部门要指导脱贫地区建立品牌产品信息库，指导组建采购商和经纪人队伍，推动拓展线上线下销售渠道，支持构建产销对接长效机制，实现“以产待销”向“以销促产”转变。（农业农村部发展规划司、市场与信息化司、农产品质量安全监管司按职能分别负责，省级农业农村部门）

（八）强化品牌管理，促进品牌健康发展。指导脱贫地区建立区域公用品牌管理监督机制，制定区域公用品牌管理办法，建立授权使用主体名录，加强品牌授权管理和产权保护，推动区域公用品牌规范有序发展。指导脱贫地区区域公用品牌和授权主体开展商标注册，提高自我保护能力。建立品牌保护协作机制，发挥农业综合行政执法队伍作用，严厉打击冒用农产品质量标志或者销售冒用农产品质量标志的农产品等违法行为。鼓励利用数字技术，优化管理服务，促进协同监管和信用约束。建立品牌建设监测和评价制度，跟踪监测品牌建设效果，不断改进提升品牌建设管理能力。（农业农村部法规司、市场与信息化司、农产品质量安全监管司按职能分别负责，省级农业农村部门）

五、组织实施

（一）加强组织领导。农业农村部市场与信息化司统筹负责脱贫地区区域公用品牌打造工作，中国绿色食品发展中心具体负责工作跟进和推进落实。各省级农业农村部门要成立脱贫地区区域公用品牌建设工作组，把脱贫地区区域公用品牌打造作为全面推进乡村振兴、加快农业农村现代化的重要措施，作为推动农业品牌建设的重要抓手，加强统筹协调，整合优势资源，推动措施落实。（农业农村部市场与信息化司，省级农业农村部门）

（二）强化政策支持。指导脱贫地区统筹使用涉农整合资金，强化区域公用品牌建设经费保障。充分发挥政策导向作用，建立品牌激励机制，对品牌建设成果突出的组织和单位实施激励。引入市场机制，积极引导社会资金投入，参与帮扶脱贫地区区域公用品牌建设。创新金融支持政策，加大品牌使用主体信贷直通车支持力度。（农业农村部计划财务司，省级农业农村部门）

（三）完善落实机制。不定期召开工作推进会，研究部署重点任务，听取工作进展，研究解决重点问题。各省级农业农村部门要明确专门部门负责，统筹制定本辖区实施计划和任务清单，组织专家带队赴脱贫县开展调研指导，确保措施落实落地。建立部省工作调度评估机制，省级农业农村部门每年11月底提交工作进展报中国绿色食品发展中心。（农业农村部市场与信息化司，省级农业农村部门）

（四）做好总结宣传。及时总结品牌建设典型经验和做法，分析品牌成长案例，开展互动交流，完善培育机制。充分利用媒体平台宣传推介脱贫地区区域公用品牌建设成效，营造农业品牌打造良好氛围。（农业农村部办公厅、市场与信息化司按职能分别负责，省级农业农村部门）

农业农村部办公厅

2023年4月19日印发

农业农村部办公厅关于做好2022年脱贫地区农业品牌帮扶工作的通知

内蒙古、湖北、湖南、广西、重庆、四川、贵州、云南、西藏、陕西、甘肃、青海、宁夏、新疆等省（自治区、直辖市）农业农村（农牧）厅（局、委），新疆生产建设兵团农业农村局，各相关单位：

为深入贯彻习近平总书记关于对脱贫地区产业帮扶还要继续，补上技术、设施、营销等短板，促进产业提档升级的重要讲话精神，落实党中央、国务院关于做好脱贫地区帮扶工作决策部署，推动巩固拓展脱贫攻坚成果同乡村振兴有效衔接，按照《农业农村部关于落实党中央国务院2022年全面推进乡村振兴重点工作部署的实施意见》总体部署安排，今年我部继续组织开展脱贫地区农业品牌帮扶工作（以下简称“品牌帮扶”）。现将有关事项通知如下。

一、总体要求

深入开展脱贫地区农业品牌公益帮扶行动，聚焦乡村振兴重点帮扶县和部定点帮扶县，建立帮扶机制，创新帮扶模式，重点围绕品牌规划、产品认证、营销宣传、产销对接、人才培训、品牌保护等方面给予指导，支持脱贫地区打造一批优质特色农产品品牌，为巩固拓展脱贫攻坚成果同乡村振兴有效衔接提供有力支撑。

2022年，新增9个品牌帮扶重点县，力争用2～3年时间指导品牌帮扶重点县培育1～2个具有一定市场竞争力和影响力的农产品区域公用品牌，带动产业提质增效和农民增收。省级农业农村部门支持本辖区国家乡村振兴重点帮扶县打造一批优质特色农产品品牌。

二、重点任务

*（一）加强工作统筹，落实帮扶措施。*2021年，印发《农业农村部办公厅关于印发〈脱贫地区农业品牌公益帮扶首批帮扶任务落实方案（2021—2022年）〉的通知》，明确了首批11个品牌帮扶重点县工作机制、帮扶内容和具体措施。各地各单位要按照文件要求，扎实做好首批品牌帮扶重点县措施落实落地。各牵头单位要进一步梳理帮扶措施，建立工作台账，明确时间节点，逐项推动落实，确保帮扶措施落实到位。相关省级农业农村部门要加大政策倾斜，做好沟通协调和督促落实。品牌帮扶重点县要选优派强力量，主动沟通对接，确保帮扶需求有效解决。

*（二）扩大帮扶范围，推动以点带面。*2022年，新增湖北来凤县、湖南永顺县、贵州台江县、内蒙古兴安盟、宁夏海原县、甘肃舟曲县、青海泽库县、西藏朗县、新疆尼勒克县等9个县作为第二批品牌帮扶重点县。各县要重点围绕品牌打造提出具体帮扶需求（附件1），经省级农业农村部门审核把关后报送我部。鼓励各地结合工作实际，聚焦本辖区国家乡村振兴重点帮扶县开展品牌帮扶，围绕主导产业，支持培育一批优质特色农

产品品牌。

（三）壮大帮扶队伍，提升帮扶能力。品牌帮扶坚持公益性原则，积极吸纳有能力、有责任、有经验的科研院所、行业协会、电商平台、大型商超、品牌机构参与，凝聚帮扶合力，提升帮扶能力。鼓励有意愿有能力的主体自愿申报（附件 2），省级农业农村部门可择优推荐，统一纳入我部品牌帮扶主体库，支持各地共同做好脱贫地区农业品牌帮扶工作。

（四）提供业务指导，提升品牌发展能力。支持品牌帮扶重点县开展绿色、有机农产品认证，设立绿色通道，实行费用减免。指导做好商标申请注册，提供品牌保护专业咨询。我部组织制定《脱贫地区农业品牌公益帮扶技术指南》，提供品牌规划、产品认证、商标注册、品牌标准、监管保护等方面技术指导。

（五）开展专题培训，提高品牌建设能力。组织开展品牌建设与电商发展培训，线下线上结合，支持品牌帮扶重点县实现“三个一”，即培育一批品牌电商建设运营人才和电商主播、宣传一批帮扶品牌和品牌产品、对接一批农商合作项目。我部负责方案制定、专家组织和电商对接等。相关省级农业农村部门负责做好协调保障，品牌帮扶重点县（可涵盖周边县）提出具体培训需求（附件 3），做好培训筹备工作。各地要加大品牌培训力度，摸清实际需求，提供课程设置、师资配备、组织服务等指导。我部已组织相关单位开设品牌培训线上课堂，精选 30 门精品课程，各地可组织相关主体在线学习。

（六）开展品牌营销，促进产品销售。支持品牌帮扶重点县参与中国农民丰收节金秋消费季、中国国际农产品交易会、农产品产销对接、农业品牌热销、全国优质农产品展销周等活动，减免展位搭建、品牌推介等费用，推荐参与“双十一”“年货节”等网络促销活动，各品牌帮扶重点县可根据实际需求，选择参与的活动，提前做好产品遴选、产品信息等组织筹备工作（附件 4）。各地要支持乡村振兴重点帮扶县参与本辖区展会节庆活动，提供费用减免、渠道对接、营销推介等服务，促进农产品顺畅销售。

（七）开展公益宣传，提高品牌影响力。组织新闻媒体对帮扶品牌开展公益宣传，提高品牌知名度和影响力。在中国农业品牌公共服务平台开设脱贫地区农业品牌帮扶专栏，设置帮扶地图，提供品牌展示展销信息。

三、有关要求

（一）加强组织领导。各地各单位要高度重视脱贫地区农业品牌帮扶工作，进一步增强责任感和使命感，加强工作指导和政策支持，强化工作协同，推动措施落地。品牌帮扶重点县要落实主体责任，把农业品牌打造列入重点工作，保持工作队伍稳定，做好沟通对接，确保帮扶工作取得实效。

（二）完善落实机制。定期召开脱贫地区农业品牌公益帮扶行动推进会，研究部署重点任务、听取重要工作进展，研究解决重点问题。农业农村部市场与信息化司牵头组织实施，指导农业品牌专家委员会秘书处明确专人专班负责协调推动、跟踪调度和督促落实。各牵头单位要明确专门部门负责，单位负责人要带队赴帮扶县开展调研指导，对接帮扶需求，了解帮扶情况，推动帮扶措施落实，并及时形成调研或工作报告报市场与信息化司。

（三）加强工作评估。组织有关单位加强对品牌帮扶情况跟踪分析，建立评价指标体系，组织开展动态调度和总结评估，对帮扶作出重要贡献的单位和个人予以通报表扬。各地各单位要创新工作思路方法，探索总结务实管用措施，配合做好品牌总结评估，不断完善品牌帮扶机制。

（四）做好典型宣传。及时总结品牌帮扶工作好做法好经验，综合运用广播电视、报纸、杂志、网络、新媒体等平台，开展全媒体宣传推广，推出一批典型案例和优秀品牌，切实发挥示范带动作用，为脱贫地区农业品牌打造提供借鉴和参考。

请各牵头帮扶单位于6月20日前报送工作台账（包括帮扶措施落实细化方案、工作进展情况、时间进度安排等）。相关省级农业农村部门负责调度第二批帮扶县帮扶需求（附件1）、首批各帮扶县培训需求（附件3）和各帮扶县参与我部重点活动需求表（附件4），于6月20日前报送。申报参与品牌帮扶的主体于6月20日前报送申报表（附件2）。上述材料电子稿发送指定邮箱，纸质版邮寄到农业农村部。

联系方式：

农业农村部市场与信息化司

联系人：崔明理　白　玲
电　话：010-59191453，59191598
邮寄地址：北京市朝阳区农展南里11号
农业品牌专家工作委员会秘书处
联系人：晋　薇　高　颖
电　话：17801113685
电子邮箱：nyppbf@126.com

附件：1.第二批品牌帮扶重点县帮扶需求表
2.脱贫地区农业品牌公益帮扶申报书
3.首批品牌帮扶重点县培训需求表
4.2022年品牌重点活动参与意向表

农业农村部办公厅
2022年6月10日

农业品牌打造实施方案（2022—2025年）

农业品牌是农业高质量发展的重要标志。“十三五”期间，各级农业农村部门深入贯彻党中央、国务院决策部署，加快实施品牌强农战略，品牌意识大大增强，品牌数量快速增长，品牌效益显著提升，为助推农业转型升级、提质增效提供了有力支撑。为贯彻落实党中央决策部署，深入开展农业生产“三品一标”提升行动，加快农业品牌打造，切实发挥农业品牌在全面推进乡村振兴、加快农业农村现代化发展中的重要作用，制定本实施方案。

一、总体思路

以习近平新时代中国特色社会主义思想为指导，全面贯彻党的十九大和十九届历次全会精神，立足新发展阶段、贯彻新发展理念、构建新发展格局、推动高质量发展，促进共同富裕，以加快农业品牌打造为目标，以农业品牌精品培育计划为抓手，强化基础支撑，突出营销推广，提升服务能力，推动产销衔接，不断提升农业品牌市场号召力、竞争力和影响力，引领产业提质增效，促进农民持续增收，推动消费提质扩容。

——坚持质量第一，特色为先。把握高质量发展要求，夯实农业品牌质量基础，突出特色引领，强化科技支撑，丰富文化内涵，提升品牌发展实力，增强农业品牌核心竞争力。

——坚持以点带面，整体提升。打造一批精品农业品牌，树立标杆典范，发挥示范引领，以点带面，推动全国农业品牌创新发展。

——坚持畅通循环，促进消费。坚持把品牌打造作为畅循环、促消费、稳增长的重要举措，加强营销推介，提升服务能力，扩大品牌农产品销售。

——坚持市场主导，政府引导。充分发挥市场在资源配置中的决定性作用，激发市场主体活力，增强内生发展动力，推动品牌创新发展。政府部门加强引导、规范和服务，营造农业品牌打造的良好氛围。

二、目标任务

聚焦现代产业园区，以粮食、蔬菜、水果、畜牧、水产、茶叶等为重点，塑强一批品质过硬、特色突出、竞争力强的区域公用品牌，带动一批支撑区域公用品牌建设、促进产业高质量发展的企业品牌，推介一批绿色优质农产品品牌。到2025年，重点培育300个精品农产品区域公用品牌，带动1000个核心企业品牌，3000个优质农产品品牌。

三、重点任务

（一）夯实品牌发展根基。围绕重点品类，开展育种创新攻关，提升农业品牌特色化差异化。构建农产品品质核心指标体系，建立品质评价方法标准，推动品牌农产品分等分级。加快绿色食品、有机农产品、地理标志农产品认证，推进食用农产品承诺达标合格证制度，完善全产业链质量安全追溯体系。加大农业关键核心技术攻关，支撑解决农产品品质不稳定、特色不突出、精深加工不足等共性问题。加快仓储保鲜冷链物流基础设施建设，增强产地贮藏保鲜和商品化处理能力，切实提升品牌链运作效率。

（二）加快农业品牌标准建设。构建农业品牌行业标准体系，按照农产品区域公用品牌、农业企业品牌和农产品品牌分类别分步骤实施，推进学标贯标用标。鼓励地方结合本地区优势特色产业制定品牌地方标准，服务产业发展。引导行业协会建立具有创新性、先进性和国际性的团体标准。

（三）加强品牌文化赋能。推动农业品牌与文化融合，深度挖掘传统农耕文化精髓，推进农业非物质文化遗产、历史文化、红色文化、饮食文化、节庆文化、乡风民俗等元素融入农业品牌，提升农业品牌文化内涵。鼓励农业品牌与艺术创意结合，开展农业品牌文创活动，活跃农业品牌创意创新氛围。

（四）提高品牌推介能力。依托中国国际农产品交易会、中国国际茶叶博览会、中国农民丰收节等展会节庆活动，开展品牌推介。办好农业品牌创新发展大会，发布一批典型案例，推介优秀品牌人物。鼓励依托开采节、文化节等活动推介农业品牌。加强与媒体合作，策划品牌传播推广活动，以短视频、直播等形式多渠道传播。做好品牌海外推广，加强与国际组织、驻华使领馆、国际研究机构、国际商协会等交流，推动与海外主流媒体合作，积极对接 RCEP，在重要节点国家和地区开展巡展推介，推动农业品牌国际合作。

（五）加大品牌营销创新。创新品牌营销业态，鼓励设立品牌消费体验馆、新品发布中心、创意设计坊、电商直播基地等，打造沉浸式、体验式、一站式营销场景。加强与电商平台合作，通过网络购物节、云展会等形式拓宽品牌销售渠道。引导品牌主体统筹布局线上线下渠道，做好全渠道整合和管理。鼓励供应链平台、新零售平台、电商平台、大型农批市场、全国性行业协会加强与品牌主体合作，打通贸易合作渠道，推动品牌农产品优质优价。

（六）扩大品牌市场消费。打造农业品牌公益服务平台，发布品牌消费索引，激发消费意愿，培育消费热点。发挥大中城市辐射带动作用，鼓励开展区域合作，推动品牌农产品优进优供，热卖热销。结合展会节庆活动，办好金秋消费季、精品品牌推广、品牌热销等活动。鼓励结合地方实际，举办特色美食荟、网购促销、农品文创等特色活动。抓住重点节庆假日和网络消费热点时机，结合中国农民丰收节、中国品牌日、中国旅游日等主题，策划品牌消费活动，推动以节促品、以节兴市。

（七）开展农业品牌帮扶。开展脱贫地区农业品牌帮扶，聚焦乡村振兴重点帮扶县和农业农村部帮扶县，支持当地聚焦主导特色产业，打造产业带动力强、市场号召力大、助农增收效益好的农产品区域公用品牌，指导做好品牌规划、宣传推广、产销对接、人才培训、产品认证和监管保护等工作。

（八）加强农业品牌保护。引导品牌主体增强品牌保护意识，加快商标注册、专利申请、著作权保护等，增强自我保护能力。完善跨部门、跨区域农业品牌保护协作机制，严厉打击冒牌套牌、侵权等行为。加强农业品牌诚信体系建设，切实维护消费者权益，维护农业品牌形象。加强海外知识产权纠纷应对，提供海外纠纷应对指导服务。

四、保障措施

（一）加强组织领导。农业农村部成立农业生产“三品一标”建设领导小组，市场与信息化司具体负责农业品牌打造相关工作。各省（自治区、直辖市）农业农村部门要成立农业品牌打造推进领导小组，把农业品牌打造作为全面推进乡村振兴、加快农业农村现代化的重要措施，加强统筹协调，整合优势资源，推动措施落实。

（二）强化政策支持。各地农业绿色发展、乡村产业发展、种养业良种繁育、冷链物流、农产品质量安全监管等方面项目资金可结合实际向农业品牌主体倾斜。鼓励建立品牌激励机制，对品牌建设成果突出的组织实施激励。创新金融服务，加强与银行、保险、信贷等金融机构合作，支持农业品牌打造。

（三）健全支撑体系。依托农业品牌专家委员会开展品牌培育、品牌评价、品牌市场消费等基础研究。引导品牌主体围绕市场消费形势提升品质、创新设计、改进服务、扩宽渠道。发挥行业协会、专业机构、高校智库、新闻媒体等作用，加强公共服务、营销推广、培训指导等。

（四）做好宣传总结。组织优秀品牌参加展会节庆活动，提升品牌知名度和影响力。及时总结品牌打造典型经验，分析品牌成长案例，做好培育机制研究。充分利用媒体宣传农业品牌打造成效，营造农业品牌发展良好氛围。

农业农村部办公厅

2021 年 11 月 30 日

农业农村部办公厅关于印发《农业品牌精品培育计划（2022—2025年）》的通知

各省、自治区、直辖市农业农村（农牧）厅（局、委），新疆生产建设兵团农业农村局：

为深入贯彻中央农村工作会议、中央一号文件精神，加快农业品牌打造，夯实基础支撑，加强营销推广，提升服务能力，促进消费升级，全面提升农业品牌竞争力影响力带动力，我部决定实施农业品牌精品培育计划，为全面推进乡村振兴、加快农业农村现代化发展提供支撑。现将《农业品牌精品培育计划（2022—2025年）》印发你们，请结合实际，认真组织实施，并于每年12月底前报送工作总结和重点培育的农业品牌发展情况至农业农村部市场与信息化司。

联 系 人：崔明理　白玲

联系电话：010-59191453，59191598

邮　　箱：scsltc@163.com

农业农村部办公厅

2022年6月10日

农业品牌精品培育计划（2022—2025年）

农业品牌是农业农村现代化的重要标志。近年来，各级农业农村部门深入贯彻党中央、国务院决策部署，加快实施品牌强农战略，品牌意识明显增强，品牌数量快速增长，品牌效益显著提升，但我国农业品牌多而不精、大而不强问题依然存在，品牌竞争力影响力带动力仍有待提升。为贯彻落实中央一号文件精神，加快农业品牌打造，充分发挥农业品牌对全面推进乡村振兴、加快农业农村现代化发展的重要作用，我部决定启动实施农业品牌精品培育计划。

一、总体要求

（一）指导思想。以习近平新时代中国特色社会主义思想为指导，全面贯彻党的十九大和十九届历次全会精神，立足新发展阶段、贯彻新发展理念、构建新发展格局、推动高质量发展，把农业品牌打造作为推进农业供给侧结构性改革的重要抓手，以提升品牌核心竞争力为目标，夯实基础支撑，加强营销推广，提升服务能力，促进消费升级，为全面推进乡村振兴、加快农业农村现代化发展提供支撑。

（二）基本原则。坚持抓主抓重，提质提效。树立大食物观，落实“既要保数量，也要保多样、保质量”的要求，在保障粮食安全和重要农产品有效供给基础上，立足特色资源，瞄准市场需求，发展优势产业，提升产品质量，做强农业品牌，提升农业质量效益和竞争力。

坚持重点培育，引领发展。优先培育具有产业领先优势、市场空间大、文化底蕴深厚的农业品牌，建立健全品牌建设促进机制、标准规范和服务体系，加大正向激励，引领带动全国农业品牌创新发展。

坚持消费促进，创新推动。适应消费升级需求，把品牌打造作为畅循环、促消费、稳增长的重要举措，立足延链补链强链，推动营销与数字技术结合，创新营销模式，发展消费新业态，促进消费提质扩容。

坚持市场主导，政府引导。充分发挥市场在资源配置中的决定性作用，创新驱动，激发活力，增强动力，持续提升农业品牌竞争力。政府部门加强引导、规范、服务和保护，不断优化农业品牌发展环境。

（三）主要目标。通过实施农业品牌精品培育计划，农业品牌建设促进机制和支持体系更加健全，优秀品牌脱颖而出，品牌溢价效应明显，农业品牌竞争力影响力带动力显著提升。到2025年，聚焦粮油、果蔬、茶叶、畜牧、水产等品类，塑强一批品质过硬、特色鲜明、带动力强、知名度美誉度消费忠诚度高的农产品区域公用品牌，培育推介一批产品优、信誉好、产业带动作用明显、具有核心竞争力的企业品牌和优质特色农产品品牌，不断满足人民日益增长的美好生活需要。

二、夯实品牌培育基础

（四）持续提升供给质量。加快实施农业生产“三品一标”提升行动，以高质量供给筑牢品牌根基。结合粮食生产功能区、重要农产品生产保护区、特色农产品优势区和现代农业产业园等建设，打造精品区域公用品牌。加快绿色食品、有机农产品、地理标志农产品发展，推行农产品全程质量控制，推进食用农产品承诺达标合格证制度和标准化生产，打造绿色优质农产品品牌。支持脱贫地区实施特色种养业提升行动，打造知名特色农产品品牌。加快优良品种选育，推动品质分级评价，推进关键核心技术攻关，提升加工工艺和设备，加强冷链物流基础设施建设，全面提升品牌农产品品种创新能力、精深加工能力和流通供应能力。

（五）培育壮大品牌主体。采取政策引导、项目带动、环境优化等措施，支持新型农业经营主体创建产品和服务品牌，强化品牌意识，加强质量管理，推动技术创新应用，促进技术迭代和质量升级。引导品牌主体以消费者为中心，筑牢产业链、完善供应链、提升价值链、做强创新链，提升产品价值和服务效益。指导品牌主体提升品牌规划、运营服务、营销推广、监管保护等能力，打造具有自主知识产权和品牌效应的品牌。鼓励农垦系统培育壮大中国农垦品牌。

（六）加快品牌标准制定。加快农业品牌标准化建设，引领品牌主体运用先进理念和科学方法开展品牌创建。推动农业品牌国家标准和行业标准研究制定，建立完善农产品区域公用品牌建设评价标准和管理规范。鼓励制定农业品牌地方标准，服务区域产业发展。引导社会团体和行业组织制定相关团体标准。支持企业制定发布具有创新性、先进性和国际性的相关企业标准。做好标准宣贯和实施，提升农业品牌建设的标准化和国际化水平。

三、提升品牌营销能力

（七）推动营销业态创新。创新营销场景，鼓励设立品牌消费体验馆、新品发布中心、创意设计坊、电商直播基地、产地品牌创新工场等，打造沉浸式、体验式、互动式营销场景。加强数字化营销，用好网络购物节、平台促销活动、云展会等营销形式，实现消费者触达和销量双提升。引导品牌主体统筹布局线上线下渠道，根据产品品质和价格分等分级，有针对性地与供应链平台、新零售平台、电商平台、大型农批市场等开展合作，推动品牌农产品从“跑量销售”到“优质优价”。

（八）提高品牌推介能力。支持品牌主体参加国内外知名展会，组织开展线上线下品牌展示推介活动。依托中国农民丰收节、中国国际农产品交易会组织精品品牌发布和推广活动。鼓励依托采摘节、文化节等农业节庆活动推介农业品牌。加大品牌海外推广，在重要节点国家和地区开展巡展推介。加强与国际组织、驻华使领馆、国际研究机构、国际商协会等交流，积极对接 RCEP，推动农业品牌国际合作。

（九）增强品牌传播能力。加强与主流新闻媒体合作，策划品牌推广活动，组织开展专题报道，讲好农业品牌故事，提高农业品牌传播声量。鼓励网络新媒体开展农业品牌推广，采用图文、话题互动、视频、直播等形式多渠道、跨圈层传播。鼓励利用新型户外媒体开展品牌宣传。推动与海外媒体合作，建立品牌农产品传播矩阵，提升中国农业品牌国际影响力。借助中国品牌日，组织开展品牌宣传、品牌交流、品牌推广等活动。

（十）强化品牌文化赋能。推动农业品牌与文化融合，深度挖掘传统农耕文化精髓，推进农业非物质文化遗产、历史文化、红色文化、饮食文化、节庆文化、乡风民俗等元素融入农业品牌，提升农业品牌文化内涵。鼓励线上线下融合，建设品牌博物馆、品牌档案馆等，展示品牌历史和文化，宣传品牌价值。鼓励农业品牌与艺术创意结合，开展跨界融合，推动农产品包装、设计和营销升级。鼓励举办品牌文创活动，开发文创产品，活跃农业品牌创新创意氛围。

四、提高管理服务水平

（十一）健全支撑服务体系。建立健全品牌专家队伍，充分发挥科研院所、专业机构、行业协会、新闻媒体等作用，支持开展基础研究、营销推广、人才培养、监管服务等工作。开展农业品牌市场消费研究，建立科学规范、具有公信力的农业品牌跟踪评价机制。搭建农业品牌公共服务平台，做好信息服务、业务交流、品牌展示和消费索引，打造农业品牌综合服务窗口。

（十二）加大出口服务指导。持续跟踪全球农产品贸易发展和营销推广动向，研究和评估相关国家农业品牌政策设计和执行效果。指导品牌主体开展国际商标注册和产品认证。做好 RCEP 涉农政策对接，协助品牌主体用好用足成员国降税、区域原产地累积规则等政策红利。开展农业品牌海外消费调查，指导做好国别政策、国际贸易规则等解读，促进品牌农产品国际贸易。

（十三）推动数字化建设。引导品牌主体运用数字技术，优化管理服务，完善业务流程，推进品牌管理、市场监测、展销推广全流程数字化。做好与质量认定、安全追溯、诚信管理等平台对接，推动信息互联共享，掌握品牌发展动态，促进协同监管和信用约束，为品牌健康发展提供支撑。

五、营造品牌消费环境

（十四）提振品牌消费信心。做好品牌宣传推广，强化诚信意识，传递健康消费理念。发布品牌消费索引，激发消费意愿，培育消费热点，扩大品牌农产品消费。支持品牌主体围绕市场消费趋势提升品质、创新设计、改进服务、扩宽渠道，打造新产品，培育新卖点，激发消费潜力，满足和创造消费需求，提振消费信心。

（十五）鼓励扩大品牌消费。加快线上线下消费有机结合，支持打造精品品牌市场专区、商超专柜、电商专馆、自媒体直播间等，促进产品消费。办好中国农民丰收节金秋消费季、品牌热销等活动，促进品牌农产品消费。鼓励各地因地制宜举办嘉年华、美食荟、小吃节、品鉴会等形式多样的农产品消费促进活动。抓住传统节日、节庆假日和网络消费热点时机，策划品牌消费活动，创新消费场景，以节促品，以节兴市。

（十六）加大品牌消费联动。发挥大中城市辐射带动作用，鼓励开展跨区域、跨行业、跨部门合作，推出灵活通用的优惠政策，引导周边产供销企业深化合作，推进品牌农产品优进优供，热卖热销。推动城乡联动，促进农旅融合，鼓励依托特色资源和乡土文化，打造特色乡村品牌，推广优质特色产品。

六、保障措施

（十七）强化组织领导。各级农业农村部门要把农业品牌精品培育作为全面推进乡村振兴、加快农业农村现代化的重要措施，贯彻落实农业生产“三品一标”提升行动的重要抓手，加强统筹协调，完善工作机制，细化政策措施，加大扶持力度，引领带动农业品牌创新发展。抓好精品品牌培育工作，规范推选程序，提升服务能力。

（十八）强化政策支持。培优精品品牌，加大支持和服务力度，项目资金可结合实际向品牌主体倾斜。鼓励各地建立品牌激励机制，对品牌建设成果突出的组织和单位实施激励。创新金融产品，提升金融服务，引导金融机构优化信贷条件，扩大信贷规模，探索创设“品牌贷”等金融产品，支持农业品牌精品培育。

（十九）加大项目带动。围绕特色农产品优势区、国家现代农业产业园、优势特色产业集群等建设，培育壮大主导产业，打造精品区域公用品牌，带动企业品牌和产品品牌协同发展。农业生产“三品一标”重点县、现代农业全产业链标准化试点基地、农业国际贸易高质量发展基地、农产品冷链集配中心等要把品牌打造作为重点内容，积极扶持引导。

（二十）加强品牌保护。建立完善农业品牌保护协作机制，加强跨部门跨区域执法合作，严厉打击冒牌套牌等侵权假冒和不正当竞争行为。积极发挥行业协会作用，强化行业自律，推动行业诚信体系建设。加强区域公用品牌授权、管理和监督机制建设，推动区域公用品牌规范有序发展。

（二十一）做好总结宣传。及时总结典型经验和做法，研究精品品牌成长案例，组织开展互动交流，不断完善培育机制。加大典型宣传，综合运用广播电视、报纸、杂志、网络、新媒体等平台，持续宣传报道，为农业品牌精品培育营造积极氛围。

农业农村部办公厅关于印发《脱贫地区农业品牌公益帮扶首批帮扶任务落实方案（2021—2022年）》的通知

湖北、湖南、广西、重庆、四川、贵州、云南、西藏、陕西、甘肃、新疆等省（自治区、直辖市）农业农村厅（委），各相关单位：

为贯彻落实党中央国务院关于做好脱贫地区帮扶工作决策部署，推动巩固拓展脱贫攻坚成果同乡村振兴有效衔接，今年我部聚焦国家乡村振兴重点帮扶县和部定点帮扶县，启动实施了脱贫地区农业品牌公益帮扶行动（以下简称“品牌帮扶”），确定咸丰、龙山、三江、巫溪等11个县（市、区）为首批帮扶县。为切实做好品牌帮扶，确保帮扶工作取得实效，在充分对接各县（市、区）帮扶需求，协调调动省级农业农村部门保障措施基础上，研究制定了《脱贫地区农业品牌公益帮扶首批帮扶任务落实方案（2021—2022年）》（以下简称《方案》），现印发你单位，请遵照执行。现将有关要求通知如下。

（一）高度重视，精心组织。脱贫地区农业品牌公益帮扶是实施乡村振兴战略、接续推动脱贫地区乡村产业发展的重要抓手，是构建农民持续稳定增收长效机制的有效手段。各地各单位要高度重视，加强对接，协同推进，聚焦主导产业，力争用1～2年时间指导帮扶县培育1～2个具有一定市场竞争力和影响力的农产品区域公用品牌。省级农业农村部门要强化组织和人、财、物等资源保障，加强部县对接，明确机构和专人，及时协调解决帮扶过程中出现的各种困难和问题。各帮扶县（市、区）要把农业品牌培育列入重要议事日程，制定农业品牌发展计划和工作目标任务，聚合力量，主动作为，扎实推进。

（二）压实责任，强化协作。各牵头帮扶单位要切实承担起主体帮扶责任，严格对照《方案》，制定工作清单，明确时间表和推进举措，主动对接帮扶县（市、区）和省级农业农村部门，确保每项需求项项有回应、件件有着落，各项帮扶举措落地见效。各帮扶单位要加强协同配合，信息共享，资源互补，切实提高帮扶质量和效率，确保如期完成帮扶任务。

（三）强化调度，做好评估。请各省（自治区直辖市）农业农村部门将《方案》转发帮扶县，督促落实工作开展，每季度末调度帮扶效果，并将材料发送至指定邮箱。各牵头帮扶单位每月25日前提交工作进展情况，我部将制定评价指标，开展月度测评和年度评估，对为品牌帮扶作出重要贡献的单位和个人给予表扬。

（四）总结经验，做好宣传。要加强工作总结，及时提炼推广好经验好做法，强化典型宣传，做好机制研究，不断提高品牌帮扶示范带动作用。

农业农村部办公厅

2021年11月30日

农业农村部办公厅关于印发《农业生产“三品一标”提升行动实施方案》的通知

各省、自治区、直辖市农业农村（农牧）厅（局、委），新疆生产建设兵团农业农村局，部机关各司局、各直属单位：

为深入贯彻落实中央农村工作会议、2021年中央一号文件精神，我部决定实施农业生产“三品一标”提升行动，推进品种培优、品质提升、品牌打造和标准化生产，引领农业绿色发展，提升农业质量效益和竞争力。现将《农业生产“三品一标”提升行动实施方案》印发你们，请结合实际，抓好落实。

各级农业农村部门要高度重视农业生产“三品一标”工作，纳入全面推进乡村振兴、加快农业农村现代化的重要内容，采取有力措施，确保取得实效。要细化方案抓落实，根据本地资源优势和生产实际，制定具体实施方案，引导资源要素向实施区域集聚，有序推进。聚焦重点抓落实，在项目区和品牌基地率先实施，以点带面，加力推进。聚合力量抓落实，相关单位要密切配合，心往一处想，劲往一处使，合力推进。

农业农村部办公厅

2021 年 3 月 15 日

农业生产“三品一标”提升行动实施方案

推进农业绿色发展是农业发展观的一场深刻革命。近年来，绿色发展理念逐步深入人心，农业绿色发展加快推进，绿色优质农产品供给能力不断提升。但农业发展方式仍然粗放、农产品供给还不完全适应消费升级需求，需要加强引导、加大投入，提高农业供给的适应性，促进农业高质量发展。为贯彻落实中央农村工作会议和中央一号文件精神，从 2021 年开始，启动实施农业生产“三品一标”（品种培优、品质提升、品牌打造和标准化生产）提升行动，更高层次、更深领域推进农业绿色发展，特制定如下实施方案。

一、重要意义

保障粮食等重要农产品有效供给，既要保数量，也要保多样、保质量。推进品种培优、品质提升、品牌打造和标准化生产，是重要途径，也是重要任务。

深入推进农业绿色发展的需要。总体看，当前我国农业资源利用强度依然较高，农业投入品利用率偏低，农业面源污染仍然突出。实施农业生产“三品一标”提升行动，可以推动农业绿色发展向全要素保护、全区域修复、全链条供给、全方位支撑转变，实现农业投入品减量化、生产清洁化、废弃物资源化、产业模式生态化。

提高农业质量效益和竞争力的需要。当前，我国农业规模小、产业链条短，质量效益仍然偏低，市场竞争力不强。实施农业生产“三品一标”提升行动，可以加快选育推广高产优质多抗新品种，提高农产品品质，创建农业品牌，全产业链拓展增值空间，提升农业质量效益和竞争力。

适应消费结构不断升级的需要。经济快速发展，城乡居民收入大幅增加，消费结构加快升级，农产品消费需求呈现个性化、多样化特点。实施农业生产“三品一标”提升行动，可以优化农业生产结构和产品结构，提升农产品绿色化、优质化、特色化、品牌化水平。

二、总体要求

（一）指导思想。以习近平新时代中国特色社会主义思想为指导，深入贯彻党的十九大和十九届二中、三中、四中、五中全会精神，全面落实中央经济工作会议、中央农村工作会议精神，立足新发展阶段、贯彻新发展理念、构建新发展格局，以高质量发展为主题，以农业供给侧结构性改革为主线，坚持质量兴农、绿色兴农、品牌强农，强化标准引领，推进科技创新，突出品牌打造，选育一批突破性农作物品种和畜禽水产良种，建设一批绿色标准化农产品生产基地，培育一批带动性强的农业企业集团，打造一批有影响力的农业知名品牌，加快推进农业转型升级，更好满足消费者需求，为全面推进乡村振兴、加快农业农村现代化提供有力支撑。

（二）基本原则。坚持质量第一。落实“产出来”与“管出来”要求，推进标准化生产，实施全过程质量监管，提高农产品品质和效益。

坚持绿色发展。践行“绿水青山就是金山银山”理念，推行绿色生产方式，推进投入品减量增效，净化农业产地环境，把绿色发展导向贯穿农业生产全过程。

坚持创新驱动。把科技创新作为第一动力，推进育种创新，加强投入品使用、产品生产、加工储运等全产业链技术创新和标准制修订。

坚持市场主导。充分发挥市场在资源配置中的决定性作用，激活要素、激活市场、激活主体，引导资源要素向品种选优、品质提升、品牌打造集聚。

（三）目标任务。到 2025 年，育种创新取得重要进展，农产品品质明显提升，农业品牌建设取得较大突破，农业质量效益和竞争力持续提高。培育一批有自主知识产权的核心种源和节水高抗新品种，建设绿色标准化农产品生产基地800个、畜禽养殖标准化示范场500个，打造国家级农产品区域公用品牌300个、企业品牌500个、农产品品牌1000个，绿色食品、有机农产品、地理标志农产品数量达到6万个以上，食用农产品达标合格证制度试行取得积极成效。

三、重点任务

（一）加快推进品种培优。实施打好种业翻身仗行动方案，加快选育一批新品种。重点是“四个一批”：发掘一批优异种质资源，开展全国农业种质资源调查，抢救性收集一批珍稀、濒危、特有资源和特色地方品种，对现有农作物种质资源、畜禽水产种质资源开展鉴定评价，遴选优异育种材料。加强农业种质资源库（场、区、圃）建设。提纯复壮一批地方特色品种，针对当前地方正在推广应用的大豆、小麦、生猪等农作物与畜禽良种，采取品种选择、比较试验、原种繁殖等技术措施，加快提纯复壮一批品种。选育一批高产优质突破性品种，启动重点种源关键核心技术攻关和农业生物育种重大科技项目，实施新一轮畜禽水产遗传改良计划，自主培育一批突破性品种。加强育种领域知识产权保护。建设一批良种繁育基地，推进西北国家杂交玉米种子生产基地和西南国家杂交水稻种子生产基地建设，在适宜地区建设一批区域性果菜茶等园艺作物良种苗木和畜禽水产良种繁育基地。

（二）加快推进品质提升。推广优良品种，推广一批强筋弱筋优质小麦、高蛋白高油玉米、优质粳稻籼稻、高油高蛋白大豆等品种，推广一批优质晚熟柑橘、特色茶叶、优质蔬菜、道地药材等品种，推广一批禽类、生猪、奶牛、水产等良种。集成推广技术模式，研发创制高端农机装备和适宜丘陵山区、果菜茶生产、畜禽水产养殖的农机装备，集成创新一批土壤改良培肥、节水灌溉、精准施肥用药、废弃物循环利用、农产品收储运和加工等绿色生产技术模式。净化农业产地环境，针对不同区域土壤退化或污染现状，制定完善南方土壤酸化、北方土壤盐渍化、东北黑土退化、耕地土壤重金属污染治理方案，加快治理修复，提高土壤地力，以清洁的产地环境生产优质的农产品。推广绿色投入品，加快推广生物有机肥、缓释肥料、水溶性肥料、高效叶面肥、高效低毒低残留农药、生物农药等绿色投入品，推广粘虫板、杀虫灯、性诱剂等病虫绿色防控技术产品。推广安全绿色兽药，规范使用饲料添加剂。构建农产品品质核心指标体系，分行业、分品种筛选农产品品质核心指标，建立品质评价方法标准，推动农产品分等分级和包装标识。

（三）加快推进标准化生产。推动现代农业全产业链标准化，按照“有标采标、无标创标、全程贯标”的要求，加快产地环境、投入品管控、农兽药残留、产品加工、储运保鲜、品牌打造、分等分级关键环节标准的制修订，推动建立现代农业全产业链标准体系，开展30个产品全产业链标准化试点，建设300个现代农业全产业链标准集成应用基地，培育一批农业企业标准“领跑者”。培育新型农业经营主体带动，培育一批家庭农场和农民合作社，扩大农民合作社质量提升整县推进试点，推进农业生产规模化、标准化。加快培育农业产业化龙头企业，扶持一批农业产业化龙头企业牵头、家庭农场和农民合作社跟进、广大小农户参与的农业产业化联合体，带动大规模标准化生产。健全社会化服务体系推动，培育一批多元化专业化农业社会化服务组织，开展生资配送、代耕代种、统防统治、烘干收储等生产托管服务，推动农业生产专业化、标准化、集约化。提升农产品加工业拉动，拓展农产品初加工，建设产地仓储保鲜冷链物流设施，延长供应时间，保证产品质量。发展农产品精深加工，推进农产品标准化、清洁化、智能化生产。重点区域先行示范促动，在农业现代化示范区、农业绿色发展先行区、农产品质量安全县，以及国家现代农业产业园、优势特色产业集群、农业产业强镇、“一村一品”示范村镇等，全域推行农业生产“三品一标”，打造一批示范典型。

（四）加快推进农业品牌建设。培育知名品牌，建立农业品牌标准，鼓励地方政府、行业协会等，打造一批地域特色突出、产品特性鲜明的区域公用品牌。结合粮食生产功能区、重要农产品生产保护区和特色农产品优势区建设，培育一批“大而优”“小而美”、有影响力的农产品品牌，鼓励龙头企业加强自主创新、打造一批竞争力强的企业品牌。加强品牌管理，制定农业品牌工作管理办法，深入推进中国农业品牌目录制度建设，发布品牌目录与消费索引。建立农业品牌评价体系，发布公益性农业品牌评价与发展指数，完善评价和退出机制。强化农业品牌监管，实行农业品牌动态管理，加大对冒牌、套牌和滥用品牌的惩处力度。促进品牌营销，挖掘和丰富品牌内涵，培育品牌文化，利用农业展会、产销对接会、电商等平台促进品牌营销，引导1000个国内优秀农业品牌参加国际知名展会，支持建立境外展示展销中心，提升品牌影响力。

（五）持续强化农产品质量监管。严格农业投入品使用，依法实施农业投入品登记许可，加强生产经营管理和使用指导，建立农药、兽用处方药等农业投入品生产经营购销台账。推进兽用抗菌药使用减量，严格执行兽用处方药制度和休药期制度。推行农产品质量全程可追溯管理，实施农产品质量安全保障工程，强化农产品质量安全风险监测预警，深化国家农产品质量安全县创建。建设农产品质量全程追溯体系，加强信息技术应用，探索“阳光农安”智慧监管模式，推进生产标准化、监管智慧化、特征标识化、产品身份化。强化质量安全监管执法，开展“治违禁促提升”行动，严厉查处禁限用农药、食品动物禁止使用的药品和其他化合物使用及超标问题。完善生产主体名录，强化日常巡查检查，增加重点监管对象检查频次，严格落实“双随机”要求，扎实开展监督抽查、飞行检查。

（六）深入推进安全绿色优质农产品发展。积极发展绿色食品、有机农产品、地理标志农产品生产，推行食用农产品达标合格证制度。强化农产品认证和监管，完善绿色食品、有机农产品、地理标志农产品认证审核流程和技术规范，规范标志使用，加强相关风险监测和证后监管，稳步扩大认证规模，严格淘汰退出机制。打造一批绿色食品原料标准化生产基地和有机农产品生产基地。深入实施地理标志农产品保护工程，建设一批特色品种繁育基地和核心生产基地，挖掘保护传统农耕文化，推动地理标志农产品生产标准化、产品特色化、身份标识化、全程数字化发展。推行食用农产品达标合格证制度，推动有条件的地方实施信息化管理。指导生产者在自控自检的基础上规范开具合格证，提升合格证含金量，提高带证农产品的市场认可度。实现合格证制度与已有监管措施的融合推进，探索开证主体信用评价机制。

四、保障措施

（一）加强组织领导。强化统筹协调，构建上下联动、多方协同的工作格局。农业农村部成立农业生产“三品一标”提升行动推进指导组，加强统筹协调，强化指导服务，推动措施落实。省级农业农村部门应成立相应的协调指导组，细化实施方案，统筹项目资金，强化责任落实，有力推进工作。重点区域先行示范的所在县（市）应成立由政府主要负责同志任组长的推进小组，加强协调，聚合力量，推进落实。

（二）创新推进机制。制定任务清单，按照“三品一标”的要求和重点任务，细化到相关司局，落实到重点区域，逐项逐区落实。发挥主体作用，引导和支持家庭农场、农民合作社、农业产业化龙头企业等新型农业经营主体，主动推行农业生产“三品一标”。完善考核制度，将农业生产“三品一标”纳入实施乡村振兴战略实绩考核范围。

（三）强化政策支持。完善财政扶持政策，农业绿色发展、乡村产业发展、新型农业经营主体培育、种养业良种繁育、农产品质量安全监管等方面的项目资金，可结合实际向农业生产“三品一标”的实施区域倾斜。强化金融扶持政策，引导金融机构支持农业生产“三品一标”，扩大信贷规模。发挥融资担保体系作用，强化担保融资功能。

（四）强化科技支撑。支持科研单位开展育种联合攻关，加快选育一批突破性品种，提升种业核心竞争力。推进科企深度融合，支持种业龙头企业进入商业化育种体系。指导县（市）成立农业生产“三品一标”专家顾问团，加强技术指导，开展技术培训。

（五）强化法治保障。在标准化生产、产地环境保护、质量安全监管、农业品牌建设等方面，加快推动相关法律法规制修订。联合市场监管、生态环境等部门，加大执法监管力度，依法打击使用禁用投入品、生产销售不合格农产品、破坏农业资源环境等违法违规行为。

（六）强化宣传引导。运用广播电视、报纸、网站、新媒体等各类媒体媒介，广泛开展宣传引导。利用中国国际农产品交易会等平台，扩大展示推介，提升农产品知名度。各地及时总结、发现典型，加大宣传，营造良好氛围。

农业农村部关于加快推进品牌强农的意见

各省、自治区、直辖市及计划单列市农业（农牧、农村经济）、农机、畜牧、兽医、农垦、农产品加工、渔业（水利）厅（局、委、办），新疆生产建设兵团农业局：

党的十九大报告提出实施乡村振兴战略。2018年中央一号文件提出质量兴农之路，突出农业绿色化、优质化、特色化、品牌化，全面推进农业高质量发展。品牌建设贯穿农业全产业链，是助推农业转型升级、提质增效的重要支撑和持久动力。为贯彻落实中央精神，深入推进品牌强农，现提出如下意见。

一、充分认识新时期加快品牌强农的重要意义

（一）品牌强农是经济高质量发展的迫切要求。品牌是市场经济的产物，是农业市场化、现代化的重要标志。当前，我国经济发展进入质量效率型集约增长的新阶段，处于转换增长动力的攻关期。加快推进品牌强农，有利于促进生产要素更合理配置，催生新业态、发展新模式、拓展新领域、创造新需求，促进乡村产业兴旺，加快农业转型升级步伐。

（二）品牌强农是推进农业供给侧结构性改革的现实路径。农业品牌化是改善农业供给结构、提高供给质量和效率的过程。加快推进品牌强农，有利于更好发挥市场需求的导向作用，减少低端无效供给，增加绿色优质产品，提升农业生态服务功能，更好满足人民日益增长的美好生活需要，使农业供需关系在更高水平上实现新的平衡。

（三）品牌强农是提升农业竞争力的必然选择。品牌是国家的名片，民族品牌更是代表着国家的经济实力、软实力以及企业的核心竞争力。当前，我国农业品牌众多，但杂而不亮。加快推进品牌强农，有利于提高我国农业产业素质，弘扬中华农耕文化，树立我国农产品良好国际形象，提升对外合作层次与开放水平，增强我国农业在全球竞争中的市场号召力和影响力。

（四）品牌强农是促进农民增收的有力举措。品牌是信誉、信用的集中体现，是产品市场认可度的有力保证。加快推进品牌强农，有利于发挥品牌效应，进一步挖掘和提升广大农村优质农产品资源的价值，促进千家万户小农户有效对接千变万化大市场，增强农民开拓市场、获取利润的能力，更多分享品牌溢价收益。

二、总体要求

（一）指导思想。全面落实党的十九大精神，深入贯彻习近平新时代中国特色社会主义思想，践行新发展理念，按照乡村振兴战略的部署要求，以推进农业供给侧结构性改革为主线，以提质增效为目标，立足资源禀赋，坚持市场导向，提升产品品质，注重科技支撑，厚植文化底蕴，完善制度体系，着力塑造品牌特色，增强品牌竞争力，加快构建现代农业品牌体系，培育出一批“中国第一，世界有名”的农业品牌，促进农业增效、农民增收和农村繁荣，推动我国从农业大国向品牌强国转变。

（二）基本原则。坚持品质与效益相结合。严把农产品质量安全关，坚持质量第一、效益优先。品质是品牌的前提和基础，是抵御市场风险的基石，要以工匠精神着力提升产品品质，通过规模化提高综合效益，推动品牌建设又快又好发展。

坚持特色与标准相结合。立足资源禀赋和产业基础，充分发挥标准化的基础保障、技术引领、信誉保证作用，突出区域农产品的差异化优势，以特色塑造品牌的独特性，以标准确保品牌的稳定性。

坚持传承与创新相结合。农业品牌建设要在传承中创新，在创新中传承，既要保护弘扬中华农耕文化，延续品牌历史文脉，又要着力增强自主创新能力，与现代元素充分结合，提升产品科技含量，增强品牌国际竞争力。

坚持市场主导与政府推动相结合。发挥好政府与市场在品牌培育中的作用，强化政府服务意识，加强政策引导、公共服务和监管保护，为品牌发展营造良好环境。强化企业主体地位，弘扬企业家精神，激发品牌创造活力和发展动能。

（三）发展目标。力争3～5年，我国农业品牌化水平显著提高，品牌产品市场占有率、消费者信任度、溢价能力明显提升，中高端产品供给能力明显提高，品牌带动产业发展和效益提升作用明显增强。国家级、省级、地市级、县市级多层级协同发展、相互促进的农业品牌梯队全面建立，规模化生产、集约化经营、多元化营销的现代农业品牌发展格局初步形成。重点培育一批全国影响力大、辐射带动范围广、国际竞争力强、文化底蕴深厚的国家级农业品牌，打造300个国家级农产品区域公用品牌，500个国家级农业企业品牌，1000个农产品品牌。

三、主要任务

（一）筑牢品牌发展基础。将品质作为品牌发展的第一要义，坚持市场导向、消费者至上，把安全、优质、绿色作为不断提升产品和服务质量的基本要求。统筹农业生产、加工、冷链物流等设施项目建设，建设一批规范标准、生态循环的农产品种养加基地，加快推进农产品生产的规模化、产业化、集约化，提高农产品供给能力。着力构建现代农业绿色生产体系，将产品安全、资源节约、环境友好贯穿始终，将绿色生态融入品牌价值。大力推进标准体系建设，建立健全农产品生产标准、加工标准、流通标准和质量安全标准，推进不同标准间衔接配套，形成完整体系。加强绿色、有机和地理标志认证与管理，强化农业品牌原产地保护。加快构建农产品质量安全追溯体系，强化农产品质量安全全程监管。加强品牌人才培养，以新型经营主体为重点，建设专业素质高、创新能力强、国际视野广的人才队伍，提高品牌经营管理水平。

（二）构建农业品牌体系。结合资源禀赋、产业基础和文化传承等因素，制定具有战略性、前瞻性的品牌发展规划。培育差异化竞争优势的品牌战略实施机制，构建特色鲜明、互为补充的农业品牌体系，提升产业素质和品牌溢价能力。建设和管理农产品区域公用品牌是各级政府的重要职责，以县域为重点加强品牌授权管理和产权保护，有条件的地区要与特色农产品优势区建设紧密结合，一个特优区塑强一个区域公用品牌。结合粮食生产功能区、重要农产品生产保护区及现代农业产业园等园区建设，积极培育粮棉油、肉蛋奶等“大而优”的大宗农产品品牌。以新型农业经营主体为主要载体，创建地域特色鲜明“小而美”的特色农产品品牌。农业企业要充分发挥组织化、产业化优势，与原料基地建设相结合，加强自主创新、质量管理、市场营销，打造具有较强竞争力的企业品牌。

（三）完善品牌发展机制。建立农业品牌目录制度，组织开展品牌目录标准制定、品牌征集、审核推荐、评价认定和培育保护等活动，发布品牌权威索引，引导社会消费。目录实行动态管理，对进入目录的品牌实行定期审核与退出机制。鼓励和引导品牌主体加快商标注册、专利申请、“三品一标”认证等，规范品牌创建标准。结合“三区一园”建设，创新民间投资机制，推动资源要素在品牌引领下集聚，形成品牌与园区共建格局。农业农村部门要加强与发改、财政、商务、海关、市场监管等部门的协同配合，形成创品牌、管品牌、强品牌的联动机制。建立健全农业品牌监管机制，加大套牌和滥用品牌行为的惩处力度。加强品牌中介机构行为监管，严格规范品牌评估、评定、评价、发布等活动，禁止通过品牌价值评估、品牌评比排名等方式变相收费，严肃处理误导消费者、扰乱市场秩序等行为。构建危机处理应急机制，引导消费行为，及时回应社会关切。完善农业品牌诚信体系，构建社会监督体系，将品牌信誉纳入国家诚信体系。

（四）挖掘品牌文化内涵。中华农耕文化是我国农业品牌的精髓和灵魂。农业品牌建设要不断丰富品牌内涵，树立品牌自信，培育具有强大包容性和中国特色的农业品牌文化。深入挖掘农业的生产、生活、生态和文化等功能，积极促进农业产业发展与农业非物质文化遗产、民间技艺、乡风民俗、美丽乡村建设深度融合，加强老工艺、老字号、老品种的保护与传承，培育具有文化底蕴的中国农业品牌，使之成为走向世界的新载体和新符号。充分挖掘农业多功能性，使农业品牌业态更多元、形态更高级。研究并结合品牌特点，讲好农业品牌故事，大力宣扬勤劳勇敢的中国品格、源远流长的中国文化、尚农爱农的中国情怀，以故事沉淀品牌精神，以故事树立品牌形象。充分利用各种传播渠道，开展品牌宣传推介活动，加强国外受众消费习惯的研究，在国内和国外同步发声，增强中国农业品牌在全世界的知名度、美誉度和影响力。

（五）提升品牌营销能力。以消费需求为导向，以优质优价为目标，推动传统营销和现代营销相融合，创新品牌营销方式，实施精准营销服务。全面加强品牌农产品包装标识使用管理，提高包装标识识别度和使用率。充分利用农业展会、产销对接会、产品发布会等营销促销平台，借助大数据、云计算、移动互联等现代信息技术，拓宽品牌流通渠道。探索建立多种形式的品牌农产品营销平台，鼓励专柜、专营店建设，扩大品牌农产品市场占有率。大力发展农业农村电子商务，加快品牌农产品出村上行。聚焦重点品种，着力加强市场潜力大、具有出口竞争优势的农业品牌建设。加大海外营销活动力度，支持有条件的农业企业“走出去”，鼓励参加国际知名农业展会，提升我国农业品牌的影响力和渗透力。支持建设境外中国农业展示展销中心，搭建国际农产品贸易合作平台。

四、保障措施

（一）加强组织领导。各地要深刻认识品牌强农的重要意义，以质量第一、品牌引领为工作导向，纳入各级领导的重要议事日程，持续发力、久久为功，推动农业高质量发展。各级农业农村部门要加快构建职责明确、协同配合、运作高效的工作机制。农业农村部统筹负责全国农业品牌建设的政策创设和组织实施。地方农业农村部门牵头负责本地农业品牌建设和管理，制定实施方案，将农业品牌建设纳入年度工作考核任务。

（二）加大政策支持。鼓励地方整合涉农资金，集中力量支持农业品牌建设的重点区域和关键环节。各级农业农村部门要整合内部资源，安排专项资金，采取多种形式加大对农产品区域公用品牌的扶持力度。发挥财政资金引导作用，撬动社会资本参与企业品牌和特色农产品品牌建设。引导银行、证券等金融机构参与农业品牌建设，创新投融资方式，拓宽资金来源渠道。

（三）加强示范引领。鼓励和支持各地采用多种方式强化宣传推介，营造全社会发展品牌、消费品牌、保护品牌的良好氛围。各级农业农村部门要结合本地实际，推选一批农业品牌，树立一批市场主体，总结一批典型经验，以品牌建设引领现代农业产业发展。综合利用各类媒体媒介，推出具有较强宣传力和影响力的品牌推介活动。

（四）完善公共服务。各级农业农村部门要增强市场主体服务意识、提升服务水平，鼓励支持行业协会、品牌主体等开展标准制定、技术服务、市场推广、业务交流、品牌培训等业务，建立完善的品牌社会化服务体系。强化中介机构能力建设，提升品牌设计、营销、咨询、评价、认证等方面的专业化服务水平。加强信息报送和政策宣传，努力营造全社会关心、支持农业品牌建设的良好氛围。

农业农村部

2018 年 6 月 26 日

农业部关于开展农产品加工业质量品牌提升行动的通知

各省、自治区、直辖市及新疆生产建设兵团农产品加工业管理部门：

附　件

为深入贯彻落实党中央国务院关于推动供给侧结构性改革、开展质量品牌提升行动的决策部署，积极推动我国农产品加工业转型升级发展，农业部决定从 2016 年起，在全国范围内开展农产品加工业质量品牌提升行动。现就有关事宜通知如下。

一、重要意义

农产品加工业是现代农业的重要内容，是国民经济的重要支柱产业，也是保障人民群众生活消费的重要民生产业。“十二五”以来，我国农产品加工业取得了长足发展，但行业依然大而不强，质量效益与世界先进水平仍存在较大差距，知名品牌少，尤其是具有国际影响力和竞争力的中国品牌和民族品牌较为缺乏，亟须采取有力措施推动质量品牌建设，为促进我国农产品加工业转型升级和持续健康发展提供有力支撑。

（一）开展质量品牌提升行动是实施农产品加工业质量为先战略的有效举措。质量是强国之基、立业之本和转型之要。品牌是企业信誉的凝结，是企业核心竞争力的关键，是市场认可度和消费者满意度的集中表现。开展质量品牌提升行动有利于强化企业的质量主体责任，完善管理机制，提升质量控制能力，夯实发展基础，追求卓越品质，形成具有自主知识产权的名牌产品，不断提升企业品牌价值，增强企业竞争力和消费者信心。

（二）开展质量品牌提升行动是促进农产品加工业转型升级的必然要求。我国农产品加工业规模总量有了明显提高，但低水平重复建设，自主创新能力弱，关键技术装备对外依存度高，缺乏知名品牌，资源利用效率低，环境污染严重等问题依然突出。开展农产品加工业质量品牌提升行动有利于实施创新驱动，构建研发和推广体系，突破共性关键技术，加快体制机制和商业模式创新，延伸产业链条，引导企业走以质取胜的发展道路，提升行业整体竞争力，实现农产品加工业由大到强的重大转变。

（三）开展质量品牌提升行动是推动农产品加工业供给侧结构性改革的迫切需要。随着城乡居民收入水平不断提高，广大消费者对消费质量提出了更高要求，呈现出从注重量的满足向追求质的提升转变，从单一产品消费向更多个性化、多样化消费转变。新需求强烈呼唤新供给。开展农产品加工业质量品牌提升行动有利于增强消费导向，引导加工企业生产更加符合市场和消费升级需要、更能满足消费者需求的优质产品，不断降低无效和低效供给比例，加快建设高质量、高效率的农产品加工供给体系，为发展新产品、新业态、新模式、新供给提供新动力。

二、总体要求

（一）指导思想。深入贯彻党的十八届五中全会精神，牢固树立并切实贯彻创新、协调、绿色、开放、共享的新发展理念，主动适应经济发展新常态，坚持以市场需求为导向，以提高质量效益为中心，以推动产业转型升级为主线，加快普及科学的质量管理方法，构建完善的质量品牌管理制度体系，加大品牌创建、宣传和推广力度，树立加工产品的质量品牌形象，增强加工企业的市场竞争力和国际影响力，努力实现我国农产品加工业更高质量、更有效率、更可持续的发展。

（二）基本原则。坚持企业主体，不断强化企业品牌意识，加强专业人才队伍和质量管理体系建设，加大企业产品、品牌和形象的宣传力度，切实提高企业提升质量、创建品牌的积极性和主动性。

——坚持分类指导，根据不同地区、不同行业、不同规模企业的发展特点和需求，因企施策、按需指导、注重实效，为提升质量、创建品牌明确方向和路径。

——坚持市场导向，充分发挥市场在资源配置中的决定性作用，促进资源和要素自由流动、平等交换，积极转变政府职能，创建企业诚信守法、自主经营、公平竞争的市场环境。

——坚持质量为本，不断强化质量在企业发展中的基础地位，培养企业员工的质量安全意识，弘扬“工匠”精神，勇攀质量高峰，让追求卓越、崇尚质量成为企业和员工的价值导向和时代精神。

（三）主要目标。通过开展农产品加工业质量品牌提升行动，引导企业推行标准化生产，提高质量管理水平，加快培育一批国际知名企业、一批国内知名企业和一批区域知名企业，打造一批具有广泛影响力和持久生命力的国际知名品牌、国内知名品牌和区域知名品牌，推动我国农产品加工业发展从注重规模数量扩张向注重质量品牌提升转变，从粗放式管理向精细化管理转变，从主要依靠要素投入向依靠科技进步和提高劳动者素质转变，生产出更多营养安全、美味健康、方便实惠的食品和质优、价廉、物美、实用的农产品加工产品，为实现农产品加工业转型升级和持续健康发展，树立中国制造、中国智造和中国品牌形象注入不竭内生动力和外在牵引力。

三、主要任务

“十三五”期间，农产品加工业质量品牌提升行动主要任务是大力提升“四大能力”。

（一）大力提升标准化生产能力。以满足新产品、新技术、新市场发展需要，以及国内产业升级、消费提档和主要贸易国标准变化等要求，加快制修订一批制约产业发展的国家和行业标准。加强现有标准宣贯，引导企业严格执行强制性标准，积极采用先进标准，大力推行标准化生产。加强对农业产业化龙头企业、农产品加工领军企业、农民合作社等规模化生产经营主体的技术指导和服务，充分发挥其开展标准化生产的示范引领作用。支持企业、科研院所、行业组织等参与国际标准制定，加快标准国际化进程。

（二）大力提升全程化质量控制能力。鼓励企业开展先进的质量管理、食品安全控制等体系认证，对质量管理岗位实行岗前技能培训和持证上岗制度，定期开展质量改进、质量攻关等活动，提高加工环节的质量管理。引导企业将质量管理前延后伸到原料生产、物流销售等环节，逐步建立全员、全过程、全方位的质量管理制度，实现全程质量管理和控制。

（三）大力提升技术装备创新能力。支持有条件企业加快建设产品研发或工程技术中心，提高企业原始创新能力。引导企业采用先进生产装备和技术，加强装备、原料、工艺的集成和优化，提高企业引进吸收再创新能力。鼓励企业与科研机构签订合作协议，组建产业技术创新联盟，建立产学研用合作机制和技术创新体系。

（四）大力提升品牌培育创建能力。树立企业以质量和诚信为核心的品牌观念，不断挖掘品牌文化内涵，提升品牌附加值和软实力。鼓励企业充分利用自媒体、社会媒体、终端消费群体等平台，加速品牌、生产和销售能力的全面升级。鼓励品牌策划机构参与企业品牌培育活动，为企业提供有前瞻性、顺应时代发展特点的品牌培育模式，加快培育一批能够展示“中国制造”和“中国服务”优质形象的品牌与企业。

四、保障措施

（一）推动政策落实创设。综合运用财政、税收、金融等政策工具支持农产品加工业质量品牌建设。农村一二三产业融合试点项目等资金要采取财政贴息、奖补等形式适当向农产品加工质量提升、品牌创建等工作领域倾斜。农产品产地初加工补助项目等政策要优先向区域公用品牌创建好的地方倾斜。推动更多地区设立质量奖，制定品牌奖励保护政策，营造全社会重视质量、发展品牌、保护品牌的浓厚氛围。

（二）促进科技创新转化。引导政府投资建设的技术研发中心、工程技术中心等机构，逐步向企业开放，增强企业技术创新能力。积极组织国家农产品加工技术研发体系优势力量开展科企对接，以品牌企业为龙头组建农产品加工业科企创新联盟，针对产业需求进行联合攻关，尽快在农产品初加工、主食加工、精深加工和副产物综合利用等重点领域突破一批制约行业发展的技术装备瓶颈问题。积极利用全国农产品加工科技创新等活动，搭建技术成果展示、交易大数据平台，推动科企合作和科技成果产业化。

（三）培养质量品牌专业人才。支持品牌策划和运营机构发展。要多渠道培养引进专业人才，加强质量品牌研究学习，提升质量品牌管理服务能力。要加快组建质量品牌专家服务队伍，举办质量品牌培训班，组织质量品牌交流活动，尽快培养一批创新能力强、精通质量管理和品牌运营的专业人才。

（四）发挥典型带动作用。积极组织品牌企业参加中国质量奖、省长质量奖等品牌评选和“中华老字号”质量品牌大讲堂等活动，扩大品牌企业的社会影响力。联合品牌企业针对中小企业、上下游企业开展行业技术、管理等专题培训，扩大品牌企业的行业影响力。组织企业参加国内外知名展会，扩大企业国际影响力。广泛开展诚信承诺活动，加大诚信企业示范宣传和典型失信案件曝光力度，强化信用自律和行业自律。策划和组织开展专题公益宣传活动，把质量品牌建设成效突出的农产品加工企业和产品遴选出来，有计划、有步骤、成规模地开展系列推介宣传，努力形成声势，汇聚各方面重视、崇尚质量品牌的正能量。

（五）搭建公共服务平台。分级建立农产品加工业质量品牌目录数据库、专家库，实行开放共享、动态管理。充分利用互联网、物联网、大数据等信息化技术，提供品牌查询、品牌推介和品牌宣传等服务。鼓励品牌策划机构、专业人员深入企业开展质量品牌咨询诊断、指导策划等服务。通过政府购买服务等方式，支持质量认证、品牌策划等机构开展质量管理体系认证与品牌创建等工作。

五、组织领导

开展农产品加工业质量品牌提升行动事关我国农产品加工业转型升级发展。各地要把提升行动作为一项长期而又紧迫任务摆上重要议事日程，切实抓紧抓好抓出成效。

（一）制定实施方案，完善工作机制。各地要立足当地实际，编制质量品牌提升行动实施方案，进一步明确工作目标、主要内容、技术路线和时间节点。要将提升行动各项任务纳入年度重点工作计划，加强组织指导和督促检查。加快建立信息共享、上下联动的工作机制，切实将提升行动组织好、实施好。

（二）加强调查研究，总结推广经验。要加强品牌创建新路径、新模式研究，创新工作方法，不断丰富和深化提升行动的各项任务，加快新政策创设和示范引导。定期开展质量品牌提升行动的经验交流活动，加快推进质量品牌提升行动全面实施。

（三）加强沟通协调，形成工作合力。积极与工信、质监、食药、工商等部门沟通协调，促进部门合作和工作联动，加大品牌支持保护力度，维护品牌形象和消费者合法权益。积极整合资源要素，引导更多企业、服务策划机构、网络销售平台和典型消费者参与质量品牌提升行动，增强提升行动的实施效果和社会影响力。

（四）加强宣传引导，营造良好环境。积极利用各类新闻媒体，采取多种形式，大力宣传品牌产品与品牌企业。组织开展“中华老字号”质量品牌大讲堂，利用中国农产品加工业投资贸易洽谈会等全国性服务平台发布区域公用品牌和品牌企业名录。支持品牌企业“走出去”，努力营造农产品加工业质量品牌建设的良好氛围。

农业部
2016 年 4 月 19 日

农业部办公厅关于推进农业品牌工作的通知

为培育农业品牌，提升农业产业竞争力，促进现代农业发展，现就做好农业品牌工作通知如下：

一、充分认识培育农业品牌的重要意义

农业品牌是指农业生产经营者在其产品或服务项目上使用的用以区别其他同类和类似产品与服务的名称及其标记。培育农业品牌有利于促进农业规模化、标准化、产业化和市场化，是用工商业理念发展农业、加快传统农业向现代农业转变的重要手段；培育农业品牌有利于建立农产品质量安全与信誉管理的载体和约束机制，促进质量安全责任追溯制度的实行，是提高农产品质量安全水平和市场竞争力的迫切要求；培育农业品牌有利于按照市场需求引导土地、资金、技术、劳动力等生产要素进行优化配置，推动农业生产向优势区域集中，带动产业结构优化升级，是整合并发挥资源优势、促进农业增效、农民增收的重要举措；培育农业品牌是国务院赋予农业部门的重要职责，是各级农业部门整合工作手段，调动各方力量，推动工作落实的重要抓手。各地农业部门要充分认识培育农业品牌的重要意义，切实增强紧迫感和责任感，采取有力措施，进一步加强农业品牌工作，努力做大、做强一批农业品牌，为发展现代农业提供有效支撑。

二、认真组织开展农业品牌工作

今年我部将重点推动开展农业品牌状况调查、第八届农交会品牌产品评选、品牌业务知识培训、农业会展分类认定等工作，各地农业部门要积极参与，共同努力推进农业品牌发展。

（一）*农业品牌发展基本状况调查*。各地要以县（市）为起报点，调查收集本地已有农业品牌的名称、涵盖品种、持有单位等基本信息要素，填写《农业品牌发展现状调查表》（见附件），由各省级农业部门汇总后，于8月底前报送我部市场与经济信息司（电子稿请同时发送至 scsscc@agri. gov. cn 或 nybscc@126. com）。

（二）*第八届农交会品牌产品评选*。今年10月18日—22日我部将在郑州举办第八届中国国际农产品交易会，组委会将委托相关协会对参展产品开展品牌产品评选活动并颁发证书，以帮助参展企业扩大品牌宣传，提升市场知名度。各地农业部门要积极支持当地优质涉农企业、优秀品牌农产品参展，充分利用农交会搭建的展示交流与贸易合作平台，搞好市场拓展，同时按组委会要求协助做好本地企业及其展品参加评选活动的申报、审核与材料汇总报送工作。

（三）农业品牌工作业务知识培训。培育农业品牌是农业部门适应形势发展要求开展的一项创新性工作，学习掌握相关专业知识是做好工作的基础。为此，计划今年适当时候举办农业品牌专题培训活动，邀请业内专家讲授农业品牌工作相关基础知识，重点培训农业区域共用品牌建设的相关内容，以推动各地更有效地开展农业品牌工作。同时，鼓励有条件的地方开展农业品牌创建和交流活动。

（四）农业会展分类认定。农业会展已成为展示农业成果、促进农业交流、推动农产品贸易的重要形式。今年中央一号文件提出了“发展农业会展经济，支持农产品营销”的要求，进一步激发了各地区、各行业多种形式举办农业会展活动的积极性。为引导规范农业会展，促进其健康持续发展，中国国际贸易促进会农业行业分会今年将组织开展农业会展分类认定工作。各地要积极支持本地区各类农业会展主办或承办单位参加分类认定活动，引导农业会展规范运作，着力打造品牌农业展会。

三、加强对农业品牌工作的组织协调

（一）加强组织领导。推进农业品牌工作是完善我国现代农业产业体系的重要内容。各级农业主管部门要从发展现代农业、提升产业竞争力的高度出发，进一步提高认识，转变观念，加强对农业品牌工作的组织领导，把推进农业品牌建设和管理纳入工作日程，提出目标任务，着力组织实施，督促检查落实。同时，要加强对农业品牌工作的规范管理，严禁借品牌培育之名的各种乱评奖和乱收费行为。

（二）强化支持手段。各级农业主管部门要发挥主动性和创造性，建立培育农业品牌的工作协调推进机制，完善引导农业品牌建设的政策扶持与利益激励机制，从技术指导、资金资助、媒体宣传、市场推介等方面予以支持，充分调动企业和生产经营者创建农业品牌的积极性，对业绩突出的地方、单位和个人，要及时给予表彰鼓励。

（三）搞好部门协调。农业品牌工作是一项系统工程，需要各部门的支持和帮助。各级农业主管部门要主动加强与相关部门之间的沟通与协调，积极争取发改（计划）、财政、科技、工商、税务、质监等部门的理解和支持，充分争取和利用好各种社会力量，形成“政府推动、企业主动、市场拉动”的良性互动格局，共同促进农业品牌的培育、发展与保护。

附件：农业品牌发展现状调查表

联系单位：农业部市场与信息化司市场流通处

电　　话：010-59193148

传　　真：010-59193147

二〇一〇年六月四日

农业部办公厅关于印发《2006年中国名牌农产品评选认定办法》的通知

各省、自治区、直辖市及计划单列市农业（农林、农牧、农林渔业）、畜牧兽医、农垦、乡镇企业、渔业厅（局、委、办），新疆生产建设兵团农业局：

为贯彻中共中央、国务院关于“整合特色农产品品牌，支持做大做强名牌产品”和“保护农产品知名品牌”的精神，落实我部“转变、拓展、提升”三大战略，大力提高农产品市场竞争力，促进农民增收，根据《农业部关于进一步推进农业品牌化工作的意见》（农市发〔2006〕7号），中国名牌农产品推进委员会决定从2006年开始开展中国名牌农产品评选认定工作。现将《2006年中国名牌农产品评选认定办法》印发给你们，请遵照执行。

联系单位：农业部市场与经济信息司

联 系 人：薛志红、李承昱

联系电话：010-64193156、010-64192313

材料寄送单位：农业部优质农产品开发服务中心

联 系 人：李连海、刘小娟
联系电话：010-65521816、010-65520095
传　　真：010-65520119
电子邮件：liuxiaojuan@agri.gov.cn
联系地址：北京市朝阳区朝外大街223号
邮　　编：100020

附件：1. 2006年中国名牌农产品评选认定办法
　　　2. 中国名牌农产品申请表
　　　3. 中国名牌农产品申报材料清单

二〇〇六年八月一日

2006年中国名牌农产品评选认定办法

第一章　总　则

第一条　为贯彻落实中共中央、国务院关于“整合特色农产品品牌，支持做大做强名牌产品”和“保护农产品知名品牌”的要求，根据《农业部关于进一步推进农业品牌化工作的意见》，现就做好2006年中国名牌农产品的评选认定工作，制定本办法。

第二条　本办法所称农产品是指在中华人民共和国境内生产的种植业、畜牧、水产等初级农产品。2006年评选范围为无公害农产品认证目录内的初级产品（不含品种）。

第三条　中国名牌农产品评选认定工作实行以市场评价为基础，以政府推动、引导、监督为保证，以全面提高农产品质量和竞争力为核心的总体推进机制。

第四条　中国名牌农产品评选认定工作坚持无偿、自愿、公开、公平、公正的原则，各级农业行政主管部门不得向申请人收取任何费用。

第五条　对获得中国名牌农产品称号的申请人，各级农业行政主管部门应对其产品在生产基地建设、产品营销等方面给予支持。

第二章　组织管理

第六条　中国名牌农产品推进委员会负责组织中国名牌农产品的评选

认定及公示、发布和发证等工作，并对评选认定工作进行监督管理。

第七条 中国名牌农产品推进委员会办公室设在农业部市场与经济信息司，负责中国名牌农产品的组织协调和日常工作。

第八条 中国名牌农产品推进委员会根据工作需要，聘任有关方面专家组成评审委员会，评审委员会在中国名牌农产品推进委员会的领导下开展评定工作。

第九条 各省（自治区、直辖市、计划单列市）农业行政主管部门负责审核本行政区域内申请人的申报材料，并形成推荐意见，负责组织实施对本行政区内中国名牌农产品的监督。

第十条 2006 年评选 100 个中国名牌农产品。原则上每省（自治区、直辖市、计划单列市）行政综合厅（局、委、办）推荐申请人数量不超过 4 个，行政独立厅（局、委、办）推荐申请人数量不超过 2 个，并排序上报。

第三章 申请条件

第十一条 申请中国名牌农产品的申请人，应具备下列条件：

（一）符合国家有关法律法规和产业政策的规定；

（二）有独立的法人资格，并有注册商标；

（三）产品有固定的生产基地，批量生产已满三年；

（四）产品采用国际标准或国家标准、行业标准、地方标准、企业标准组织生产；

（五）产品在国内生产；

（六）产品有一定的生产规模，市场销售量、知名度居国内同类产品前列，在当地农业和农村经济中占有重要位置；

（七）有稳定的销售渠道和完善的售后服务，消费者满意程度高；

（八）建立了文件化管理体系，有健全的质量控制体系和环境保护体系，产品质量责任可追溯；

（九）获得无公害农产品、绿色食品、有机农产品认证中的任一认证；

（十）提供 2005 年 1 月 1 日以后的农业部授权的检测机构或其他通过国家计量认证具有承检资格的检测机构出具的检验报告。

第十二条 凡有下列情况之一者，不能申请“中国名牌农产品”

称号：

（一）申请人注册地址不在国内，或使用国（境）外商标的；

（二）近三年内，产品在县及县以上各级质量安全例行监测和质量抽查中有不合格记录的；

（三）近三年内发生重大质量安全责任事故，或有重大质量投诉经查证属实的；

（四）有使用国家禁止使用的农业生产资料、原材料以及不符合质量安全要求的农业投入品记录的；

（五）生产国家产业政策和有关法律法规限制的产品的；

（六）有偷税漏税、掺杂使假、虚假广告等违反法律法规行为的；

（七）有其他不符合中国名牌农产品申请条件的。

第四章 评价指标

第十三条 建立以市场评价和质量评价为主，兼顾效益评价和发展评价的评价指标体系。

第十四条 市场评价主要体现为市场销售量和出口情况两项指标。市场销售情况反映消费者对申请产品的认可和接受程度，产品出口情况反映产品参与国际竞争的能力和程度。

第十五条 质量评价主要考核被评价产品的实物质量水平和持续保持这种水平的质量保证能力。产品实物质量水平主要是与国内、国际同类产品先进水平的对比，质量保证能力反映申请人稳定保持相应质量水平、不断进行质量改进的能力，表明申请人质量管理的有效性。

第十六条 效益评价重点选择生产成本费用利润率、总资产贡献率和实现利税三个指标，主要评价申请人经营业绩和管理水平。

第十七条 发展评价主要考核申请人长期持续稳定发展的能力状况，包括技术开发投入水平、申请人规模水平、生产技术及装备情况三个指标。主要评价申请人的产品创新、技术创新能力和市场拓展能力。

第十八条 综合评价中评分标准的制定、不同评价指标权数的分配、不能直接量化指标的评价方法、评价中复杂因素的简化、对不同产品确定调查方案以及综合评价结果的确定等，均由中国名牌农产品推进委员会确定。

第五章　评选认定程序

第十九条　申请人直接从中国农业信息网（http://www.agri.gov.cn）或农业部优质农产品信息网（http://yzcp.agri.gov.cn）上下载《中国名牌农产品申请表》，于8月20日前向所在省级农业行政主管部门提出申请。

第二十条　各省（自治区、直辖市、计划单列市）农业行政主管部门于8月20日至8月31日审查申请人材料，形成推荐意见，并于8月31日前将合格材料排序上报到中国名牌农产品推进委员会办公室。申请材料包括：

（一）《中国名牌农产品申请表》；

（二）商标注册证书复印件；

（三）法人登记证明或营业执照复印件；

（四）采用标准的复印件；

（五）农业部授权的检测机构或其他通过国家计量认证的检测机构出具的有效检验报告原件，如是复印件必须加盖原检测机构公章；

（六）无公害农产品、绿色食品、有机农产品认证中的任一证书复印件；

（七）由当地税务部门提供的税收证明复印件；

（八）出口量、出口国和出口额的相应证明复印件；

（九）其他相关证书、证明复印件。

第二十一条　9月15日前，中国名牌农产品推进委员会办公室组织对上报材料进行形式审查，必要时进行现场检查。

第二十二条　9月27日前，中国名牌农产品评审委员会对形式审查合格的申请人进行评选，并将评选结果、评价指标等通过中国农业信息网等媒体向社会进行7天公示。

第二十三条　中国名牌农产品推进委员会于10月中旬，在第四届中国国际农产品交易会上颁发中国名牌农产品证书。

第二十四条　中国名牌农产品证书的有效期为三年，有效期满要继续使用中国名牌农产品称号的，应在期满前90天重新申请。

第六章　监督管理

第二十五条　获得“中国名牌农产品”称号的申请人，在有效期内，应履行下列义务：

（一）保持产品质量稳定合格；

（二）采取各种形式，积极宣传名牌产品，向社会展示和推广质量管理经验和成果。

第二十六条　在有效期内，证书拥有人可以在获得中国名牌农产品称号的产品及其包装、装潢、说明书、广告宣传、展览以及其他业务活动中使用统一规定的中国名牌农产品称号，并注明有效期限。

第二十七条　已获得中国名牌农产品称号的申请人，有下列情形之一的，将撤销其称号：

（一）转让或扩大适用范围者；

（二）超过有效期未重新申请或重新申请未获得认定者；

（三）产品质量发生重大事故，生产经营出现重大问题者；

（四）在评选认定过程中弄虚作假者。

第二十八条　各级农业行政主管部门要对获得中国名牌农产品称号的申请人，进行定期、不定期的质量和信誉检查；申请人应主动配合。

第二十九条　对冒用、伪造“中国名牌农产品”的，应依法查处。

第三十条　参与评选认定工作的有关人员必须严格遵守法律、法规和其他相关规定。在工作中徇私舞弊、滥用职权、玩忽职守、泄漏申请者产品机密或者干扰评选认定工作导致评选认定不公正者，依照有关规定，由相关单位做出行政纪律处分；构成犯罪的，依法追究刑事责任。

第三十一条　任何单位和个人可以向农业部举报中国名牌农产品评选认定工作中存在的违纪违法问题，也可向农业部申诉对中国名牌农产品评选认定工作的不同意见。申诉人、举报人应当提供书面材料，标明真实身份，并提供必要的证明材料。农业部对举报、申诉的问题进行调查，并做出答复，依照法律和有关规定保护举报、申诉者的合法权益。

第三十二条　农业部授权的质检机构或其他通过国家计量认证的检测机构应当提供真实、准确的产品检验报告。对出具虚假报告的农业部授权的质检机构，一经查实，取消农业部质检机构资格，其他通过国家计量认证的检测机构，取消中国名品农产品检测机构资格。

第三十三条　各申报单位送检样品的检验费用按国家有关规定执行，名牌农产品评选认定组织工作所需经费由各级农业行政主管部门事业费列支或申请专项经费解决。

第七章　附　则

第三十四条　本办法由中国名牌农产品推进委员会负责解释。

第三十五条　本办法自发布之日起施行。

农业部关于进一步推进农业品牌化工作的意见

各省、自治区、直辖市及计划单列市农业（农林、农牧）、农机、畜牧、兽医、农垦、乡镇企业、渔业厅（局、委、办），新疆生产建设兵团农业局，部属有关事业单位：

为贯彻落实党中央、国务院关于“整合特色农产品品牌，支持做大做强名牌产品”和“保护农产品知名品牌”的要求，积极推进“农产品质量安全绿色行动”，提升农产品市场竞争力，促进粮食增产、农业增效和农民增收，现提出以下意见：

一、充分认识新时期进一步推进农业品牌化工作的重要意义

（一）推进农业品牌化是促进传统农业向现代农业转变的重要手段。贯彻落实科学发展观，创新发展模式，加快传统农业向现代农业转变是新时期农业发展面临的重大任务。农业品牌化是现代农业的一个重要标志，推进农业品牌化工作，有利于促进农业生产标准化、经营产业化、产品市场化和服务社会化，加快农业增长方式由数量型、粗放型向质量型、效益型转变。

（二）推进农业品牌化是优化农业结构的有效途径。随着人民生活水平的提高，社会对农产品品种、质量、安全、功能等提出了更高的要求。推进农业品牌化，以市场为导向，以满足多样化、优质化消费为目标，引导土地、资金、技术、劳动力等生产要素向品牌产品优化配置，有利于推进资源优势向质量优势和效益优势转变，有利于推进农业结构调整和优化升级。

（三）推进农业品牌化是提高农产品质量安全水平和竞争力的迫切要求。加入世贸组织后，我国农业的国际化进程明显加快，面临的国际竞争压力进一步加大。通过推进农业品牌化，重点培育和打造农业名牌，有利于促进农产品质量安全整体水平的提高，有利于形成一批具有国际竞争优势的品牌农产品。

（四）推进农业品牌化是实现农业增效农民增收的重要举措。提高农业效益，增加农民收入，是建设社会主义新农村的重要内容。品牌是无形资产，打造农产品品牌的过程就是实现农产品增值的过程。大力发展名牌农产品，有利于拓展农产品市场，促进农产品消费，促进优质优价机制的形成，实现农业增效，农民增收。

二、明确推进农业品牌化工作的指导思想和工作重点

（一）指导思想。以邓小平理论和“三个代表”重要思想为指导，坚持科学发展观，以全面提高我国农产品质量水平和竞争力为核心，坚持“企业为主、市场导向、政府推动”的方针，发挥产业优势、区域优势和特色优势，培育、整合、保护农业品牌，大力推进标准化生产、产业化经营、市场化运作，支持做大做强名牌农产品，为发展现代农业，建设社会主义新农村提供产业支撑。

（二）工作重点。当前和今后一个时期推进农业品牌化的工作重点是：以龙头企业为依托，发挥专业合作经济组织、行业协会的作用，通过大力实施农业标准化，推进农业产业化，加快发展无公害农产品、绿色食品和有机农产品，鼓励农产品商标注册，开展名牌农产品评选认定，加大营销推介，强化监督管理等工作，提高我国农产品品牌上市率，培育、做强做大一批特色鲜明、质量稳定、信誉良好、市场占有率高的名牌农产品，促进农业品牌化工作的持续健康发展。

三、采取有力措施，全面推进农业品牌化

（一）大力实施农业标准化，夯实农业品牌化基础。质量是品牌农产品的根本，是品牌农业不可动摇的根基。大力推进农业标准化，要突出抓好农业质量标准体系、农产品质量安全检测体系和农业标准推广体系建设。要通过制定和实施农业产前、产中、产后各个环节的技术要求和操作规范，规范生产过程，开展全程质量控制。要着力抓好生产基地建设，把创建农业标准化示范县（农场），建设科技示范场、优粮工程基地和无规定动植物疫病区等与推进农业品牌化有机结合起来。要大力推行产地标识管理、产品条形码制度，做到质量有标准、过程有规范、销售有标志、市场有监测，打牢农业品牌发展的基础。

（二）着力推进农业产业化，培育农业品牌经营主体。龙头企业、农民专业合作组织和农业行业协会是农业品牌经营的主体和核心。各地要培育、扶持有较强开发加工能力和市场拓展能力的龙头企业，要围绕优势主导产业，建立农民专业合作经济组织，引导企业与农户之间建立更加稳定的产销合同和服务契约，实现小生产与大市场的有效对接。

（三）加快发展无公害农产品、绿色食品和有机农产品，提高品牌农产品质量。开展无公害农产品、绿色食品和有机农产品认证，是农业品牌化工作的重要内容。要在维护信誉的前提下，进一步加大工作力度。要按照“统一规范、简便快捷”的原则，大力发展无公害农产品，加快产地认定和产品认证步伐。要依托优势农产品产业带建设，加快发展绿色食品。有机农产品要遵循国际通行规则，按照有机农业生产方式，根据农业资源优势和国际市场需求健康发展。

（四）鼓励支持农产品商标注册，促进农产品品牌上市。推进农产品商标注册是农业品牌化工作的重要环节。要增强企业、农民专业合作经济组织、经纪人、农户等生产经营主体的商标意识，鼓励支持农产品商标注册。要特别重视拥有自主知识产权和特色农产品的商标注册工作，防止商标的恶意抢注和侵权行为。要增强工作的主动性和预见性，加强与工商部门的协调与沟通，切实帮助农产品生产经营主体解决在商标注册和商标保护中遇到的困难和问题。

（五）积极开展名牌农产品推荐认定，树立品牌信誉和形象。名牌农产品认定工作是现阶段推进农业品牌化工作的重要内容，是支持做大做强名牌农产品和保护知名品牌的重要措施。我部将在各地工作的基础上，组织开展名牌农产品评选认定工作。各地要切实推进省级名牌农产品的评选认定。工作中要遵循无偿、自愿、公开、公平、公正的原则，规范程序，明确资格条件和要求，努力提高名牌农产品评选认定的公信力和权威性。要对现有品牌进行整合，切实解决“多、乱、杂、弱、小、散”的现状，要通过评选认定，推出一批影响大、效益好、辐射带动强的名牌农产品。

（六）加大营销推介力度，提高市场影响力。品牌的营销推介是将品牌优势转变为市场优势，实现品牌效益的重要措施，也是政府部门为农服务的一项重要职责。对认定的名牌农产品，各地要积极主动，通过展示、展销等活动，利用电视、广播、报纸、网络等媒体，推介品牌，宣传品牌，扩大名牌农产品知名度。要加大农产品专业市场建设力度，增强市场服务功能。有条件的地方要推进名牌农产品专销柜、专业市场建设。

（七）强化监督管理，确保农业品牌化工作健康发展。依法保护品牌，维护品牌的质量、信誉和形象，是保障农业品牌化工作健康发展的关键。各级农业部门要建立健全相关法规制度，加强监督检查，对违法违规者要及时曝光，依法惩处，对恪守信用者要表彰奖励。品牌主体要强化自律意识，切实加强品牌质量保证体系与诚信体系建设，不断提高产品质量和经营管理水平，依法经营品牌，自觉维护品牌形象。

四、加强组织协调，落实各项措施

（一）加强领导，提高认识。推进农业品牌化工作是“农产品质量安全绿色行动”的重要内容。各级农业主管部门要从建设社会主义新农村的高度出发，进一步提高认识，转变观念，以提高农产品竞争力和增加农民收入为目标，明确工作机构，改善工作条件，把推进农业品牌化工作纳入工作日程。

（二）强化责任，完善机制。推进农业品牌化工作是新阶段的一项重要任务。各级农业主管部门要加强政策引导，发挥主动性和创造性，建立完善工作机制，科学规范品牌经营。要创造条件，从人才、资金、税收等方面予以支持，充分调动企业和生产经营者创建农业品牌的积极性和主动性。对业绩突出的地方、单位和个人，要及时给予表彰鼓励。

（三）加强沟通，形成合力。农业品牌化工作是一项系统工程，需要各部门的支持和帮助。各级农业主管部门要主动加强与相关部门之间的沟通与协调，积极争取发改（计划）、财政、科技、工商、税务、质检等部门的理解和支持，充分争取和利用好各种社会力量，尽快形成“政府推动、企业主动、市场拉动”的良性互动格局，共同促进农业品牌化发展。

二〇〇六年五月十二日

农业部办公厅关于加强品牌农产品监督管理工作的通知

各省、自治区、直辖市及计划单列市农业（农林、农牧、农林渔业）、畜牧、兽医、渔业、农垦厅（局、委、办），新疆生产建设兵团农业局：

近年来，无公害农产品、绿色食品、有机农产品、地理标志农产品和名牌农产品（以下简称“三品一标一名牌”）作为品牌农产品的主体，在高产、优质、高效、生态、安全农业发展过程中，得到了快速发展。但由于各地工作进展不平衡，特别是个别认证农产品的质量不稳定，管理不规范，监督不得力的问题突出，损害了品牌农产品的信誉，进而影响政府的公信力。为强化品牌农产品认证后监督管理，进一步提升品牌农产品信誉，加快实施农业品牌战略，现就有关事项通知如下：

一、提高认识，增强对品牌农产品监督管理的责任感

今年是奥运举办之年，全国人民都寄予厚望。切实保障奥运前后城乡居民的农产品消费安全，是各级农业部门履行监管职责、维护最广大人民群众根本利益的具体体现，也是贯彻落实科学发展观的根本要求。推进农业品牌战略，培育品牌农产品是促进传统农业向现代农业转变的重要手段，也是实现农业增效、农民增收的重要举措，更是提升农产品质量安全水平和市场竞争力的迫切要求。各级农业部门要进一步提高认识，把加强品牌农产品认证后监督管理作为当前农产品质量安全工作的一项重要任务，增强做好品牌农产品质量安全管理工作的责任感和紧迫感。

二、理清思路，明确品牌农产品监督管理的工作目标

坚持用科学发展观统领农产品质量安全管理工作，以提高我国品牌农产品质量安全水平和品牌信誉为目标，遵循“数量与质量并重、发展与管理并举”的原则，充分发挥产业优势、区域优势和特色优势，培育、整合、保护品牌农产品，通过实行市场引导、政策激励、制度创新、体系完善、试点推广、严格监管等措施促进品牌农产品又好又快的发展。各地要抓紧制定扶持培育品牌农产品的激励政策，打造具有市场竞争力的名牌农产品，建立科学规范的分级监控制度，创新强制淘汰的动态监管机制，确保“三品一标一名牌”认证认定农产品的市场信誉，促进品牌农产品质量安全水平稳步提升。

三、突出重点，狠抓品牌农产品监督管理的各项任务

深入贯彻《农产品质量安全法》，认真落实《国务院关于加强食品等产品安全监督管理的特别规定》，严格执行《农产品包装标识管理办法》，继续巩固专项整治成果，扎实推进长效机制建设，全面推动品牌农产品质量安全管理的各项任务。重点抓好以下四个方面的工作：

（一）狠抓政策引导。各级农业行政部门应立足市场，研究制定相应的政策和措施，引入市场化运作模式，鼓励和扶持社会力量参与品牌农产品培育，并从人才、资金、项目等方面给予引导和支持。大力实施农业标准化，积极培育品牌农产品的经营主体。加快发展无公害农产品、绿色食品和有机农产品，鼓励支持农产品商标注册，深入挖掘符合地理标志要求的农产品。积极开展名牌农产品推荐认定，加大营销推介力度，树立农产品品牌信誉和形象。

（二）狠抓制度建设。加快推行农产品分级包装上市，进一步推进农产品标识计划，不断完善生产记录、农产品包装和标识管理办法。积极推进农产品质量安全市场准入制度，建立健全农产品可追溯制度。鼓励和支持生产企业基地和批发市场建立自律性检测制度，并积极推行获得“三品一标一品牌”标志使用权的产品实施免检入市销售。

（三）狠抓能力建设。加强农产品认证队伍建设，是开展农产品认证管理工作的基本保障和必要条件。各级农业行政部门应尽快健全品牌农产品认证认定工作体系队伍，加大对检查员、内检员、检测机构技术骨干人员培训力度，完善检查员、内检员培训和注册管理，建立淘汰和责任追究制度。要加强技术指导服务和培训，组织农业科技人员深入农村，广泛开展标准化生产技术服务指导，推广高效、生态、安全的农业生产技术和农业投入品。

（四）狠抓过程监管。各级农业行政主管部门要对管辖区内的无公害农产品、绿色食品和有机农产品的获证单位进行监管，按照风险度和信誉度的等级制定科学合理的动态管理方案，加强现场检查、常规抽查、例行监测等监督手段。要进一步发挥农产品认证、技术推广和农业执法等机构人员的作用，集中抓好生产过程技术指导、认证的生产环节审核和证后的市场监督检查，重点突出对产地环境、农业投入品、包装标识、产品质量、生产档案记录和生产经营者行为的执法监督，严格规范认定认证行为。

（五）狠抓问题查处。依法加强品牌农产品质量安全执法检查，不断提高抽查频率，逐步扩大产品覆盖面，严肃查处生产、销售不合格农产品的行为，加大违法惩戒力度。对获证单位或个人不按照标准要求生产或滥用认证标识的，视情节轻重予以警告、限期整改直至撤销认证证书。对伪造、冒用、转让认证证书或标志等行为的任何单位或个人，依法从严查处。对滥用职权、徇私舞弊、玩忽职守的工作人员，视情节轻重严肃处理。

四、加强领导，完善品牌农产品监督管理的长效机制

（一）强化组织协调。各级农业行政主管部门要深入学习 2008 年中央 1 号文件精神，高度重视品牌农产品质量安全工作。加强组织协调，明确各部门目标任务，积极争取计划、财政部门的支持，创新发展模式，进一步把品牌农产品质量安全工作抓紧、抓实、抓出成效。

（二）建立应急机制。要关注舆论报道，防止对认证认定产品的不当炒作。对发现问题要及时果断处置。要细化农产品质量安全应急预案，研究制定相关应急处置规范，建立健全应急处置联动机制，确保能够快速反应和有效应对农产品质量安全突发事件。

（三）落实监管责任。各级农业主管部门要巩固扩大农产品质量安全专项整治成果，建立完善农产品质量安全监督管理工作长效机制。以强化品牌农产品标志管理为突破口，规范农产品生产企业和农民专业合作组织的生产经营行为，强化主体责任意识。以明确责任，实行责任追究为突破口，全面落实各级农产品认证认定机构的职权和责任。要加大监督力度，落实各级农业行政主管部门属地管理责任。

（四）开展专项检查。各级农业行政主管部门及其所属品牌农产品认证认定工作机构，要制定具体工作方案，在 4—5 月间对本地认证认定或推荐的品牌农产品开展一次专项检查，并于 6 月 20 日前将检查报告和方案报农业部市场与经济信息司，抄送农业部农产品质量安全中心和中国绿色食品发展中心。

二〇〇八年三月二十五日

（五）部分省级农业品牌政策文件

贵州省2022年农产品质量品牌提升行动方案

为贯彻落实《国务院关于支持贵州在新时代西部大开发上闯新路的意见》（国发〔2022〕2号）精神和省政府工作报告重点任务，切实提升我省农产品质量安全水平，培育一批全国知名的“贵”字号农业品牌，特制定本方案。

一、指导思想

以习近平新时代中国特色社会主义思想为指导，深入贯彻党的十九大和历次全会精神，全面落实中央农村工作会议、省委农村工作会议精神，以高质量发展为主题，推进质量兴农、品牌强农。聚焦我省特色优势产业，遵循“四个最严”要求，加大农产品质量安全监管执法力度，筑牢农产品质量安全底线，增加绿色优质农产品供给。坚持市场导向，适应市场和消费升级需求，开展农业品牌创建、形象塑造和传播推广，加快构建“贵”字号农业品牌体系，提升我省农产品市场影响力和竞争力，促进农业增效、农民增收和农村繁荣。

二、主要目标

2022年，持续提高12个农业特色优势产业质量和竞争力，不断健全农产品质量安全监测、监管、执法体系，深入开展农资打假、农产品质量安全专项整治，确保不发生重大农产品质量安全事件。农业品牌发展环境进一步优化，品牌主体实力不断增强，“贵”字号农业品牌不断壮大，品牌知名度、影响力和溢价能力明显提升，带动拓宽农民增收渠道，实实在在惠及农民。

具体目标：全省监测农产品5.7万批次，合格率保持98%以上；新增绿色食品60个、地理标志农产品3个，有机农产品证书稳定在1400张，建设国家绿色食品原料基地2个；认定省级特色农产品优势区30个，培育壮大农产品区域公用品牌10个、农业企业品牌50个、农产品品牌50个。

三、重点任务

（一）推进农业标准化建设

1. 修订完善农业标准。按照“有标贯标、缺标补标、低标提标”的原则，加快12个农业特色优势产业地方标准制（修）订，及时发布实施，构建以产品为主线的贵州现代山地特色高效农业标准体系。指导行业协会、各类品牌主体开展合作，联合开发团体标准、企业标准，建立既符合我省实际又与粤港澳大湾区等目标市场接轨的产品质量标准。（责任单位：省农业农村厅、省市场监管局，各市州相关部门，以下各条均含各市州相关部门，不再逐一列出）

2. 开展标准宣贯。开展农兽药残留等食品安全标准宣贯，指导各地将标准转化为简便易懂的生产模式图、操作明白纸和质量管控手册，确保生产经营主体识标、懂标、用标。实施现代农业全产业链标准化试点项目，创建茭白等产品全产业链标准集成应用基地，推动新型农业经营主体按标生产。（责任单位：省农业农村厅）

3. 加强产品品质分析。支持“贵州绿茶”“黔菌”等农产品区域公用品牌开展产品品质分析评价，筛选农产品特征性品质指标，提升产品内涵。指导品牌主体规范产品包装标识使用，严格把控用标产品质量。（责任单位：省农业农村厅、省市场监管局）

（二）强化农产品质量安全监管

4. 加强源头管理。严格农业投入品管理，开展农资打假专项整治，重点治理乡镇和茶果菜菌畜禽主产县农资市场。大力推广生物有机肥、高效叶面肥、高效低毒低残留农药、生物农药等绿色投入品，把好农产品质量安全源头关。（责任单位：省农业农村厅）

5. 开展风险预警和监督抽查。围绕茶叶、蔬菜、水果、畜禽和水产品等食用农产品开展风险监测，查找重点品种风险隐患，加强监测结果会商分析和情况通报，增强风险预警能力。制定全省农产品质量安全监督抽查方案，严格按照“双随机、一公开”原则开展监督抽查，实施检打联动，依法查处不合格农产品。（责任单位：省农业农村厅、省市场监管局）

6. 创新监管方式。持续推进食用农产品承诺达标合格证制度，督促生产者落实主体责任。健全农产品主产主体监管名录，指导生产主体运用国家追溯平台记录农业生产情况，严格落实生产记录、种植养殖用药记录等制度。推进乡镇农产品质量安全监管网格化管理，探索“区域定格、网格定人、人员定责”网格化监管模式，推动建立乡镇监管员、村级协管员、企业内控员队伍。（责任单位：省农业农村厅）

7. 持续开展专项整治。深入开展食用农产品“治违禁、控药残、促提升”整治行动，聚焦鸡肉、鸡蛋、韭菜、豇豆等风险隐患突出的农产品，采取精准治理模式，控源头、抓生产、强执法、建制度，加快解决禁用药物违法使用、常规农兽药残留超标等问题。（责任单位：省农业农村厅）

（三）健全农业品牌培育机制

8. 做好农业品牌发展顶层设计。编制《贵州省农业品牌建设发展规划（2022—2025 年）》，构建“农产品区域公用品牌＋农业企业品牌＋农产品品牌”的品牌体系，加强农产品区域公用品牌整合，引导打造农业企业品牌、农产品品牌。（责任单位：省农业农村厅、省市场监管局）

9. 建立品牌目录制度。制定《贵州农产品品牌目录制度（试行）》，组织开展农产品区域公用品牌、农业企业品牌和农产品品牌标准制定、评价认定和培育保护，对进入目录的品牌实行动态管理。遴选优势农产品区域公用品牌，发布专场通告。（责任单位：省农业农村厅）

10. 开展品牌价值评价。评价发布贵州省十强农产品区域公用品牌，指导品牌主体参与全国性品牌价值评价，组织 20 家农业企业产品开展“圳品”申报认证。引进品牌专业机构开展农业品牌建设咨询策划、营销推广，促进品牌管理能力提升。（责任单位：省农业农村厅、省市场监管局）

（四）做强农业品牌主体

11. 壮大品牌主体实力。引进培育农业生产经营主体，鼓励发展龙头企业带动、合作社及家庭农场跟进、农民积极参与的产业化联合体，加快形成大中小并举的品牌主体集群。鼓励辣椒、茶叶、食用菌、刺梨等优势产业加工企业与行业领军企业深化合作，建立现代企业制度，重点培育一批影响力大、带动力强、发展势头好的农业产业化龙头企业。（责任单位：省农业农村厅、省工业和信息化厅、省水利厅、省林业局）

12. 提升品牌发展质量。持续落实脱贫县减免绿色食品认证审核费、标志使用费政策，支持生产主体发展绿色食品，创建 2 个绿色食品原料标准化基地。实施国家农产品地理标志保护工程，支持资源禀赋好、工作积极性高的县发展一批有机农产品。加强证后监管，组织对有机产品认证机构开展监督检查、绿色食品企业年度检查。（责任单位：省农业农村厅、省市场监管局）

13. 加强知识产权保护。实施县域经济知识产权战略推进工程，遴选一批知识产权优势企业。提高农业经营主体的知识产权保护意识，引导农业企业、农民专业合作社、家庭农场等农业品牌主体开展版权登记和认证等，强化商标、专利、地理标志等知识产权保护与维权。（责任单位：省市场监管局、省农业农村厅）

（五）培育优势农业品牌

14. 认定省级特色农产品优势区。按照“创建一个特优区、打造一个优势品牌”的目标，以资源禀赋独特、产业基础扎实、产品优质安全、品牌带动作用好为导向，认定30个省级特色农产品优势区。（责任单位：省农业农村厅）

15. 打造优势区域公用品牌。引导十强农产品区域公用品牌营运主体进一步修订完善标准、改善生产设施条件、强化品牌营销、加强产品质量追溯和知识产权保护，培育品牌核心竞争力，发挥品牌头雁效应。（责任单位：省农业农村厅）

16. 强化品牌公益帮扶。以农业农村部农业品牌公益帮扶剑河县为契机，强化对乡村振兴重点帮扶县、红色美丽乡村建设试点地区农业品牌建设指导，探索脱贫地区农业品牌创建机制和建设路径，培育一批“小而美”的农产品品牌。（责任单位：省农业农村厅）

（六）开展品牌宣传推介

17. 用好会展平台推介品牌。举办贵州茶产业博览会、遵义国际辣椒博览会、中国（贵州）天麻节等重要展会活动，组织参加中国品牌日、中国国际农产品交易会、北京国际优质农产品展示交易会、第五届直供粤港澳大湾区农产品食品产销对接会等全国性展会，开展营销恳谈、专场推介，拓展产销对接渠道。（责任单位：省农业农村厅、省发展改革委）

18. 多形式开展宣传推介。举办“贵州刺梨·健康中国行”、贵州斗茶赛、贵州生态渔业十佳系列评选等活动。策划制作“寻味贵辣”“贵州刺梨·维C之王”等产业纪录片、宣传片。支持省禽业协会、省餐饮协会开展“十大金鸡奖”“十大最受欢迎禽产品”等评选活动。指导协调广播电视媒体做好农业品牌宣传报道工作。（责任单位：省农业农村厅、省水利厅、省广播电视局）

19. 加强公共区域广告投放。整合媒体资源，多形式全方位宣传农业品牌，推动茶叶、食用菌、家禽、辣椒、刺梨等重点品牌在户外广告牌、高速服务区、公交、地铁、高铁及航空领域的投放宣传。（责任单位：省农业农村厅、省工业与信息化厅）

（七）搭建品牌营销平台

20. 用好产地集散市场搭建销售渠道，发挥中国辣椒城、中国茶城等产地批发市场作用，促进农产品集散流通，加强农业品牌主体与商贸流通主流渠道对接，推动“贵”字号农业品牌进学校、进机关、进军营、进商超、进餐企、进网络、进景区，搭建产销对接平台。（责任单位：省商务厅、省农业农村厅）

21. 紧盯销地市场开展品牌营销。持续推动“黔菜入沪”“黔菜广进”，引导“贵州绿茶”“黔北麻羊”“黔菌”等品牌用标企业在省内外重点市场开设品牌农产品专营店、品牌销售专区，开展经销商培训。（责任单位：省商务厅、省农业农村厅）

22. 利用电商平台推动线上销售。提升脱贫地区农副产品销售平台营运能力，用好阿里巴巴、一码贵州、多彩宝、贵州电商云等电商平台，推荐品牌农产品入驻，开设农产品特色馆、精品店，打造一批贵州农产品电商品牌。拓展贵州农业品牌搜索引擎推广功能，完善相关品牌词条检索技术配套服务，扩大营销覆盖面。（责任单位：省商务厅、省农业农村厅、省供销社）

四、保障措施

（一）加强组织保障。建立贵州农业品牌建设厅际联席会议制度，形成部门协同、上下联动的工作推进格局。组建农业品牌建设专家团队，围绕知识产权保护、法务咨询、视觉包装设计、标准体系建设、营销管理策划等开展农业品牌服务。各地要加强农业品牌研究，会同有关部门（单位）密切协作，制定并实施农业品牌建设规划。

（二）强化责任落实。将农产品质量品牌提升行动工作任务纳入全省食品安全、“菜篮子”市州长负责制考核，推动各项工作落实落细。各地要认真研究提升农产品质量品牌的激励政策、具体措施，明确时间表、路线图、责任人，确保完成各项重点任务。

（三）加大投入保障。农业现代化基金及产业强镇、国家农业产业园、农产品产地冷藏保鲜等农业生产发展项目资金向品牌主体倾斜。各地要按照本工作方案提出的任务，落实政策和经费保障，强化经费使用管理，保障资金使用效率。

（四）强化培训服务。依托贵州人才博览会等引进质量品牌建设专业人才。邀请专业机构开展农业品牌建设能力提升培训，组织品牌主体学习农业品牌大省经验做法。推广普及商标注册、产品认证等相关知识，依法公开农产品质量监督抽查结果等信息，提高全社会质量品牌意识。

黑龙江省品牌农业建设工作方案

为深入贯彻落实省第十三次党代会精神，积极践行大食物观，突出寒地黑土、绿色有机资源优势，加快农产品品牌培育推广，更好发挥品牌引领作用，持续提高农业产业效益和市场竞争力，推动农业大省向品牌农业大省转变，结合黑龙江省实际，制定本方案。

一、总体思路

以习近平新时代中国特色社会主义思想为指导，深入贯彻党的十九大和十九届历次全会精神，全面贯彻落实省委、省政府加快推进“四个农业”决策部署，立足新发展阶段，贯彻新发展理念，以农业供给侧结构性改革为主线，围绕农业高质量发展，践行大食物观，以培育区域公用品牌为核心，以提升企业品牌价值为重点，挖掘地方特色农产品品牌资源，做强区域公用品牌，做大企业品牌，做优农产品品牌。“十四五”期间，培育和树立一批影响力大、竞争力强、带动力明显的“龙字号”农产品品牌，构建具有黑龙江特色的农业品牌体系，带动产业链、供应链、价值链提升，品牌农产品的市场占有率、溢价能力明显提升，助力乡村全面振兴。

二、基本原则

一是政府推动，规划引领。强化各级政府品牌意识，做好顶层设计，科学谋划，合理布局。统筹各类资源，加强政策支持，发挥政府牵头指导服务、协调推进、监督管理等主导作用，营造有利于品牌农业发展的良好环境。

二是企业主体，市场运作。充分发挥企业、合作社在品牌创建中的主力军作用，加大品牌培育和营销推广力度。引导市场主体运用品牌理念开展农业标准化生产和科技创新，遵循市场准入、市场竞争规则，依法从事品牌创建营销活动。

三是系统思维，全链谋划。按照全产业链发展理念，实施“三品一标”提升行动，着眼三产融合发展，围绕育种、生产、加工、物流、营销等环节，统筹谋划农业品牌，加强标准化建设和溯源管理，提高农业品牌市场竞争力。

四是坚持标准，规范管理。建立农业品牌标准化体系，实行最严格的区域公用品牌准入制度，加强农产品“从田间到餐桌”全链条、全环节质量管控，保障质量安全，提高品牌公信力和市场影响力。

五是健全机制，协同推进。建立完善农业品牌培育创建机制，吸引社会资本和专业机构参与农业品牌创建、宣传和营销，形成发展合力，充分释放农业品牌经济效益和社会效益。

三、主要目标

“十四五”期间，围绕“中国生态农业品牌”定位，创建以省级优质农业品牌为龙头，农产品区域公用品牌为引领、农业企业品牌为支撑、农产品品牌为基础的 1＋10＋N＋N “金字塔”架构农业品牌体系，形成“突出重点、分级培育、带动全局”的品牌建设新格局。全省农业品牌化水平显著提高，品牌产品市场占有率、消费者忠诚度、溢价能力明显提升，中高端产品供给能力明显提高，品牌带动产业发展和效益提升作用明显增强。

——打造多层次协同联动的“1141”品牌体系。创建 1 个省级优质农业品牌，以“绿色龙江 黑土优品”为引领，树立全省优质农产品总体品牌形象。打造 10 个“龙字号”优势农产品品牌系列，选择具有黑龙江特色、产品优势突出的大米、大豆、鲜食玉米、中药材、食用菌、杂粮、乳品、高端肉、冷水鱼、大鹅 10 类“大而优”农产品，重点打造省级单品形象品牌。做强 40 个区域公用品牌，围绕地方特色产业布局，结合地域特色进行品牌提升，加快发展五常大米、庆安大米、东宁黑木耳、海伦大豆、绥化鲜食玉米、伊春蓝莓、兴凯湖大白鱼、铁力平贝、饶河东北黑蜂、依安大鹅、桦南紫苏、方正刺五加等市县级区域公用品牌，带动地方产业发展。培育 100 个领军企业品牌，稳固“北大荒”农业品牌全国领先地位，做大做强飞鹤、完达山、九三、金谷农场、乔府、元盛、大庄园、黑森、葵花、亲民食品、小康龙江、北鱼集团等一批具有影响力的本土企业品牌，培育一批中小企业品牌。

——显著提升农业品牌影响力。制定一批争创国内一流品牌的制度标准。充分挖掘各地区域公用品牌的核心价值、文化内涵，提高品牌整体影响力。实行“一品一案一模式”分类创建办法，强化高端形象创意设计和宣传推广。打造一批区域特色明显、市场知名度高、带动能力强的农业品牌，品牌附加值显著提升。

——大幅提升品牌经济贡献率。以高端精品品牌为引领，形成标准化生产、产业化运营、品牌化营销、融合化发展的品牌农业发展新格局。通过品牌农业带动，进一步提升全省优质农产品的市场占有率，提高农产品加工转化率，为实现农民人均可支配收入增速和绝对值双超全国平均水平提供支撑，加速完成农业产量大省向品牌农业大省转变。

四、重点任务

（一）实施“品牌质量提升工程”，夯实品牌建设基础

建立农业生产标准化体系，扩大绿色有机食品生产规模，打造 1 亿亩标准化生产基地，全面提升农业生产基地标准化水平。强化质量监管，提高农业科技含量，提升农产品品质和质量安全水平，夯实品牌建设基础。

1. 创建有机农业标准生产基地。着眼发展高端农产品，建设一批标准规范、生态循环的有机农产品种养基地。2022 年，创建有机农业标准生产基地 60 个，有机农业基地面积达到 900 万亩，有机畜牧养殖场 15 个；到 2025 年，创建有机农业标准生产基地 80 个，有机农业基地面积达到 1000 万亩，有机畜牧养殖场 20 个。

2. 创建绿色农业标准生产基地。围绕全省 10 大类主要农产品，依托现代农业产业园、特色农产品优势区、农业科技示范园区、农业现代化示范区、产业强镇，创建一批标准化的绿色农产品生产基地。2022 年，创建绿色标准生产基地 550 个，绿色食品基地面积达到 8000 万亩，绿色畜牧养殖场 40 个，林下经济示范基地 20 个；2025 年，创建绿色标准生产基地 700 个，绿色食品基地面积达到 9000 万亩，绿色畜牧养殖场 60 个，林下经济示范基地 70 个。

3. 完善质量标准管控体系。加强农产品产地环境、生产过程管控，强化农产品质量安全风险监测与评估，开展农产品质量安全监督检查，保障农产品质量安全。品牌农产品有序纳入国家、省级质量安全追溯平台，实现标准可查询、生产可监控、销售可追踪、产品可追溯。

4. 加强品牌标识产品认证。鼓励区域公用品牌主体、农产品企业和农民专业合作社开发认证绿色有机食品。到 2022 年，认证绿色有机食品达到 3710 个；2025 年，认证绿色有机食品达到 3950 个。引导品牌企业办理质量管理体系（ISO9001）、食品安全管理体系（ISO22000）、食品安全体系规范（HACCP）、农产品全程质量控制技术体系（CAQS-GAP）等相关权威质量管理体系认证，参与良好农业规范（GAP）、良好生产规范（GMP）等权威规范认证，加入国际食品 CAC、日本 JAS、美国有机产品 NOP 等国际农产品生产管理和控制体系认证。

5. 强化农产品冷链流通设施建设。发展冷链物流，鼓励骨干批发市场建设冷链物流设施，支持物流企业、品牌经销企业建设产地云仓及异地存储云仓。鼓励品牌企业建设餐饮食材供应链平台，发展“原料基地＋中央厨房＋物流配送”新业态。支持农民合作社、家庭农场、村集体经济组织等农业经营主体建设农产品产地冷藏保鲜设施，加快补齐产地基础设施不足短板，解决“最先一公里”问题，降低鲜活农产品损耗，提升优质特色农产品供给能力和流通率。

6. 提升农产品企业加工能力。加大农业和农产品招商引资力度，引进外来战略投资者，扩大农产品加工企业规模。引导农产品品牌企业加强科技创新，开展技术研发改造，引进先进生产设备，提高加工能力，为品牌发展提供持续动力。支持开展主要农产品生产、加工与综合利用关键技术研究与示范，形成一批推动农业产业拓展和农产品价值提升的关键技术和特色产品。

（二）实施“品牌孵化培育工程”，提升创意策划水平

依托专业机构，统筹农产品品牌设计，完善品牌发展环境，进一步提高社会服务专业化水平，增强各类主体品牌意识，尽快提升全省农业品牌价值和影响力。

1. 提升创意水平。加强品牌定位、消费行为研究，结合自身优势、产品特性、产业结构等因素，明确特色优势明显的品牌定位，建立品牌发展模型。结合区位优势、历史文化、民族特色，强化灵魂注入，分层次挖掘区域公用品牌和领军企业品牌内涵。推动创意设计在包装、功能、品牌方面的应用，提高农副产品和林下产品的品质和附加值。

2. 推动专业咨询。委托国家权威研究和咨询策划机构及省农业品牌创建工程协同创新推广体系，加强“龙字号”农业品牌的策划设计、宣传推介、市场运用、价值评估。组织全省品牌农业发展大会，举办品牌农业展、品牌创新创意设计大赛、品牌论坛、发布推介会等系列活动，聘请国内品牌机构介绍经验、分享案例、论证方案、解答咨询，搭建品牌交流对接合作平台。鼓励各地与专业机构开展多元合作，加强产品包装形象设计，规范包装标识，促进产品深度开发和增值，提升农产品整体形象。

3. 提高品牌意识。组建品牌农业专家指导委员会，依托省农业品牌创建工程协同创新推广体系，采取普惠式轮训与精准式培训相结合，加大农业品牌建设培训力度。重点培训农业农村部门、林草部门、市级以上农业产业化龙头企业、省级农民专业合作社示范社和家庭农场示范场、专业协会（商会）负责人，3年完成轮训任务。发挥行业协会、商会等社会专业组织在品牌整合、行业自律、创建区域公用品牌的关键作用。

4. 改善品牌环境。创新投融资创建机制，吸引社会资本参与品牌农业建设。打造最权威、最便捷的黑龙江品牌农产品交易平台，提高品牌农产品溢价能力。鼓励中小品牌抱团发展，通过融资、兼并、重组等方式，组建大品牌、大企业、大集团，形成规模效应，构建集群发展格局。

（三）实施“品牌传播推广工程”，加强品牌宣传推介

围绕提高黑龙江农产品社会影响力、公信度和市场竞争力要求，综合

利用央视、地方媒体、新媒体等渠道，加大农产品品牌宣传力度。

1. 传统媒体宣传。借助央级媒体平台，做好品牌宣传与推广工作。与中央广播电视总台“品牌强国工程”项目合作推广黑龙江省级农业区域公用品牌。借助新华社、新华网、人民网等国家级媒体开展新闻宣传。在本省有影响力的电视媒体设立农业品牌专栏，多角度、持续性宣传推介“龙字号”系列品牌。

2. 网络媒体宣传。依托微信、抖音、快手、微博等新媒体，开展“网红＋直播”引流，创建网络平台宣传矩阵，持续推出“龙江好米”“龙江好油”“龙江好奶”“龙江好肉”“龙江好鱼”“龙江森林好食品”等专题、专版、专栏。邀请国内主流媒体、自媒体组成“媒体采风团”，到黑龙江采风，助力宣传品牌故事，弘扬品牌文化。

3. 线下广告宣传。在主销区机场、高铁站显著位置投放黑龙江省优质农业品牌形象广告，打造哈尔滨—北京“龙字号”品牌农产品专列，每节车厢展示一个省级大单品形象。建设北京“国家地理标志馆黑龙江展馆”，组织全省优秀地理标志农产品进驻，打造首都“龙字号”品牌展示推介窗口和营销平台。

4. 主题活动宣传。借助“中国品牌日”活动契机，确立每年5月为“龙江品牌宣传活动月”。组织开展品牌评价发布、品牌促销、品牌招商、品牌宣传系列活动，营造壮大农业品牌发展良好氛围。利用9月份全国“质量月”“小康龙江”品牌助力乡村振兴和新华网“种子计划”等活动，整合线上线下销售渠道、媒体宣传资源，集中发力，全线推广黑龙江优质农产品。在每年国际绿博会期间举办“黑土优品”品牌活动周。每年春节前组织开展“年货大集”等方式专题推广特色农产品品牌。

（四）实施“品牌保护利用工程”，强化品牌使用管理

加快形成创品牌、管品牌、护品牌、强品牌的联动机制，建立科学的品牌评价体系，加强对黑龙江农业品牌的管理与保护，展示农产品区域公用品牌和企业产品品牌的真正价值与市场竞争力。

1. 推行品牌目录制度。依托第三方评估、社会监督评价等形式，遴选有影响力的农产品区域公用品牌、农业企业品牌和农产品品牌，统一纳入农业品牌目录库。制定品牌目录遴选规则，建立完善的品牌考核与退出

办法，实行能进能出动态管理机制，并纳入数字化管理平台，优先推选目录品牌参加全国品牌推介评价活动。开发农产品品牌电子地图，制定《黑龙江农业品牌消费索引电子手册》，通过微信公众号、农业信息网等平台发布，提升入围农业品牌知名度，引导社会消费。

2. 完善品牌评价体系。提出品牌评价要求，制定品牌评价程序，完善农业品牌评价规则，选择有资质的第三方评价机构并组织行业专家共同参与，依据国标《品牌价值质量评价要求》，参考团标《龙标品质评估》《龙江品牌评价（农业）》，开展黑龙江农业品牌质量评价。依据国标《品牌价值评价（农产品、食品加工、制造业）》《区域品牌价值评价（地理标志产品）》等，开展黑龙江省农业品牌价值评价。以“黑龙江好粮油”系列团体标准为依据，开展“黑龙江好粮油”产品遴选。

3. 发布品牌评价信息。每年组织评价发布一批代表黑龙江省地域特色和产业发展水平的“一县一业”农产品区域公用品牌和农业企业品牌、农产品品牌，在每年国际绿博会与大米节上发布。鼓励地方政府和企业参加国家行业协会等相关机构组织的品牌价值评估、品牌评定、发布和推介活动。

4. 加大品牌保护力度。制定品牌授权使用管理办法，加强品牌授权管理和产权保护，支持农业产业化龙头企业申报驰名商标，扩大保护范围。加强对中华老字号、农业非物质文化遗产等老工艺、老品种的保护与传承。大力推行产地标识管理、产品条形码制度，做到质量有标准、过程有规范、销售有标志、市场有监测。完善全省企业名称自主申报系统，鼓励使用国家农产品质量安全追溯管理信息平台系统，推进农产品承诺达标合格证制度，通过现代信息化手段，保护全省知名农产品品牌。

（五）实施“品牌营销赋能工程”，提高品牌市场能力

加强国内目标市场、消费人群的调查研究，实现产销精准对接，增强农业品牌市场竞争力。

1. 拓宽线下销售渠道。开展精准地调，有计划在上海、北京、广州、深圳等一线城市建立一批企业主导、市场化运营的品牌旗舰店和“小康龙江”连锁店，统一品牌授权管理，统一标识设计，打造黑龙江优质农产品形象展示窗口、区域销售代理中心，为经销商和消费者提供“一站式”采购服务。联合国内大型超市，建立“黑龙江农产品品牌专区”，突出地域特色，集中展示展销。

开展“黑龙江好粮油中国行”专项营销行动。

2. 拓展电商销售渠道。指导品牌主体入驻国内大型电商平台和自媒体平台，通过直播带货、融媒体宣传、短视频推广等形式，扩大网络营销规模。在天猫、京东等大型电商平台建立“黑龙江品牌农产品专卖店”，发挥黑龙江省原产地官方旗舰店、“小康龙江”官方电商平台作用，推动线上销售农产品。建设直播共享基地，组织开展“中国青年年货节”“驻村书记春耕节”“乡村振兴龙江行”等系列直播带货活动，扩大品牌农产品网络销售规模。

3. 依托节会推广营销。组织品牌主体参加农博会、林博会、农交会、国际绿博会、大米节、丰收节、上海中食展、广州国际食品食材展、德国科隆食品展等国内外大型农业展会、招商推介、品牌评价、品牌营销、推介洽谈等活动，展示统一形象和标识的全新黑龙江优质农业品牌形象。在国际绿博会和大米节上开设品牌农业专馆。开展龙粤“南品北上，北品南下”省际合作，探索建立农产品货运及信息发布平台，推动特色农产品双向销售。

4. 推进产销精准对接。组织一线城市龙江农产品品牌营销活动，赴长三角、珠三角、粤港澳大湾区等地组织路演、专题推介和招商活动。开展“龙货全国行”市场拓展活动，鼓励农产品品牌企业对接商贸流通主渠道，推动“龙字号”农产品在主销区进市场、进商超、进餐企、进社区。组织“菜篮子”产品生产基地与北京物美、上海联华、京客隆等大型连锁超市建立稳定产销关系，开展果菜、畜禽蛋、水产品等地头直销、产地直供、物流配送等业务。

五、保障措施

1. 建立领导责任体系。成立省级品牌农业工作专班，省政府主管领导牵头，省委宣传部、省发改委、省工信厅、省财政厅、省农业农村厅、省商务厅、省市场监管局、省林草局、省乡村振兴局、省供销社、省粮储局、省中医药管理局、北大荒农垦集团、龙江森工集团、省贸促会、省建投集团、省农投集团、省广播电视台、小康龙江农业科技公司等为成员单位，统筹协调全省品牌农业建设工作，专班办公室设在省农业农村厅。各市（地）政府、相关职能部门建立相应组织机构和工作推进机制，明确责任分工，形成上下联动、协同配合的工作格局。

2. 建立工作推进体系。细化实化品牌农业建设工作任务，省级品牌农业工作专班牵头，相关职能部门配合，具体落实“五大工程”任务。制定任务清单，建立健全工作推进体系，清单化管理、一体化推进，明确路线图、时间表、任务书及责任部门、责任人。结合品牌农业建设方案，相关部门、各市（地）、县（市、区）要结合产业优势和特色产品，做好本地品牌农业建设方案，形成特色鲜明、比较优势突出的品牌布局。

3. 建立政策支撑体系。省级相关行业主管部门加强农业品牌策划、标准制定、品牌评价、渠道建设、宣传推广支持力度。统筹地理标志农产品保护工程建设、农产品仓储冷链物流和冷藏保鲜设施建设等专项资金，重点投向品牌农业发展。用好“中国好粮油”补贴资金，支持好粮油产品市场营销和品牌建设。发挥融资信贷等支持作用，引导社会资本投入品牌农业。各市（地）政府要结合实际，制定品牌农业建设支持政策。

4. 建立考核评价体系。省级工作专班制定《黑龙江省品牌农业工作专班考核评价细则》《全省品牌农业建设工作任务清单》，分季度和年度开展考核评价工作，通过工作调度、自查自评、实地查看等方式，考核评价各市（地）品牌农业建设工作质效，及时通报评价情况。

5. 建立督导问责体系。要建立健全品牌农业督导检查、问题反馈、建档整改、整改核查、责任追究、成果总结六个工作流程。市地专班任务质量未达标，省级专班及时下发督办单，挂牌督办；年度重点工作推进不力、措施落实不到位、未按时完成任务的，采取适当方式处理，传导工作压力，推动工作落实。

湖北省农业农村厅关于印发湖北省农产品品牌三年培育方案的通知

各市、州、县（区）农业局（委），厅机关各处室、厅直各单位：

《湖北省农产品品牌三年培育方案》已经省人民政府同意，现印发你们，请抓紧落实。

湖北省农业农村厅

2019 年 1 月 23 日

湖北省农产品品牌三年培育方案

为贯彻落实十九大精神，加快推进我省农产品品牌建设，培育一批竞争力强的农产品品牌，提升农业发展质量效益，加快现代农业发展步伐，推动农业大省向农业强省转变，经省农业农村厅研究，制定农产品品牌三年培育方案。

一、总体要求

（一）指导思想

以习近平新时代中国特色社会主义思想为指导，以建设农业强省为目标，按照实施乡村振兴战略总要求，推进农业供给侧结构性改革，牢固树立品牌强农发展理念，着力打造一批产品质量优、科技含量高、市场竞争力强的农产品品牌，加快我省农业转型升级，走出一条具有湖北特色的品牌强农兴农之路。

（二）基本原则

坚持市场主导。适应市场多层次、高质量、个性化消费需求，依托各地资源优势、地域文化和产业特色，进行有效的品牌定位、形象塑造和传播，培育一批农产品精品名牌，提高农产品市场影响力和竞争力。

坚持企业主体。充分发挥农业新型经营主体的带动作用，通过商标注册、文化挖掘和科技创新等手段，创建自主品牌，培育一批在全国立得住、叫得响的企业产品品牌，久久为功，持续推进。

坚持政府引导。更好地发挥政府推动作用，加强品牌建设统筹力度。创造有利于培育和发展品牌的社会环境，建立支持和保护品牌建设的机制。

（三）目标任务

按照“区域公用品牌＋企业产品品牌”的母子品牌模式开展全省农产品品牌培育工作，实施农产品品牌培育“222”行动，即重点培育2个省级核心大品牌、20个区域公用品牌和200个企业产品品牌，通过3年培育，基本形成标准化生产、产业化经营、品牌化营销的现代农业发展格局，湖北农产品品牌知名度和市场竞争力明显提高，逐步实现由农业大省向品牌农业强省转变。

——制定一批争创国内一流品牌的产品标准。

——培育一批创新能力强、生产水平高、管理规范、信誉良好的品牌企业。

——形成一批品质优良、口感独特、营养丰富，能够满足不同需求的品牌产品。

——打造一批区域特色明显、市场知名度高、带动能力强的农产品区域公用品牌和企业产品品牌。

——建立一套农产品品牌培育、发展和保护体系。

——争创一批国家级特色农产品优势区。

二、工作措施

（一）聚焦优势资源，打造省级核心大品牌

全省集中相关力量，减少品牌同质化无序竞争，将潜江龙虾、蕲艾打造成省级核心大品牌，经过几年的努力，使之成为“中国第一、世界有名”的水产品和中药材区域公用品牌，推动品牌可持续健康发展。一是做好品牌规划。通过招投标，选择国内知名的品牌策划团队，对潜江龙虾、蕲艾进行品牌研究、战略规划、符号设计，做好全方位品牌管理咨询服务，使潜江龙虾、蕲艾区域公用品牌建设在短期内得到较大的提升和推进。二是建立行业协会。推进组建湖北省虾稻和蕲艾两大产业协会，为区域公用品牌的建设，创建政府和市场两大推手，使规划和管理，运营和推广两大板块各司其职，有序协调推进。三是制定使用标准。督促行业协会制定和出台区域公用品牌管理办法，使品牌的创建、使用、评估、管理形成完整系统，同时，制定出台行业产品规范标准和评估使用办法，建立健全共建共享和退出机制。四是开展宣传营销。调动媒体矩阵开展区域公用品牌宣传，不断放大“中国小龙虾之乡”和“中国艾都”两大金字招牌的作用，提升潜江、蕲春两个城市和品牌形象的影响力。

（二）开展特色农产品优势区创建，打造特色品牌

立足我省特色农业资源和产业基础，在创建省级特色农产品优势区的基础上，积极争创国家级特色农产品优势区，培育一批发展潜力大、产品质量优的特色农产品，打造特色农产品品牌。省级层面茶叶类重点培育恩施硒茶、武当道茶、青砖茶等品牌；水果类重点培育宜昌蜜橘、秭归脐橙、公安葡萄等品牌；蔬菜类重点培育蔡甸莲藕、随州香菇、洪湖藕带、

洪山菜薹等品牌；中药材类重点培育罗田茯苓、英山苍术、房县虎杖等品牌；粮油类以“湖北名优大米十大品牌”“湖北优质菜籽油五大品牌”为引领，重点打造虾稻、再生稻、浓香菜籽油等品牌，推进荆门高油酸菜籽油公用品牌建设。畜牧类重点培育神丹蛋品、罗田和麻城黑山羊等品牌。水产类重点培育香稻嘉鱼、荆州鱼糕、洪湖清水大闸蟹等品牌。各市州重点培育1～2个农产品区域公用品牌，各县（市、区）重点培育2～3个企业产品品牌。

（三）加强“三品一标”农产品建设，着力挖掘地理标志品牌

一是落实“三品一标”生产技术规程，推广应用“三品一标”生产技术，提升“三品一标”规模总量。到2021年有效使用“三品一标”农产品5000个以上（无公害农产品2800个以上，绿色食品1700个以上，有机食品350个以上，农产品地理标志产品150个以上）。二是继续抓好现有24个国家级绿色食品原料标准化生产基地、3个国家级有机农业示范基地、1个国家级农产品地理标志示范样板，重点推进基地开展产品质量追溯体系建设，提高全省绿色食品标准化生产基地建设水平。三是充分发挥地理标志农产品天然品牌化优势，加大地理标志农产品挖掘、培育、登记和知识产权保护力度，促进地理标志品牌与产业协同发展。

（四）推进标准化生产，提高农产品质量安全水平

一是围绕产业发展，修改、完善、提升农业生产技术规范和操作规程，健全农业标准体系，逐步形成一整套品牌农产品从田间到餐桌的全程质量控制标准体系。二是加强农产品标准化基地建设，组织开展“三园两场”（标准化的果园、菜园、茶园和标准化畜禽养殖场、水产健康养殖场）标准化示范区建设，重点围绕优质稻、功能油菜、茶业、水果、生猪、蜂蜜、淡水产品等优势农产品，加快建设一批专业化、规模化、标准化的农业生产基地。三是加强农产品抽检和产地环境检测，认真落实监测结果通报制度，农产品质量安全监测合格率达到98%以上。四是建立农产品质量安全追溯信息平台，实行市、县（区）、乡镇三级追溯管理，并加快实现与国家追溯平台有效对接。引导农产品品牌企业利用电子信息技术建立物联网质量追溯系统，推行农产品条形码制度，逐步实现主要农产品从田间到餐桌全程可追溯管理。

（五）强化农业科技创新，培育品牌创建主体

一是加强农业科技创新能力建设，推广农业新技术、新模式、新品种，促进农技推广改革创新，推动农业科技重大成果应用，夯实优质农产品供给能力。力争到2021年，全省农业科技进步贡献率超过60%。二是加快培育壮大农业企业、农民专业合作社、家庭农场等农产品品牌创建主体。做大做强农产品加工万亿元产业，提升农产品加工水平。通过2～3年的努力，农产品加工转化率达到70%，争创5个产值超50亿元的农产品加工示范园区，主营收入过10亿元的农业龙头企业达到100家。大力发展农民合作社联合社，提高合作层次，扩大合作范围。到2021年，农民合作社数量达到10万家，农户入社率达到60%；家庭农场数量达到5万家。

（六）加大营销推介力度，提高品牌影响力

围绕“吃湖北粮油、品荆楚味道”向社会集中宣传推介优质品牌农产品，扩大湖北农产品社会影响力和市场竞争力，着力构建湖北农产品品牌宣传、展示、交流、交易平台。一是深入挖掘农产品品牌的文化内涵，加强老工艺、老字号、老品种的保护与传承，培育具有文化底蕴的农产品品牌。二是充分利用各类农业展会、产销对接会、产品发布会等营销促销平台，不断提高品牌影响力。继续办好武汉农业博览会、汉江流域农业博览会等农业展会，积极参加农业农村部举办的中国农交会、中国国际茶业博览会。支持有条件的农业企业“走出去”，鼓励参加国际知名农业展会。三是大力发展电子商务、直销配送、农超对接、农校对接、农企对接、农批对接、农社对接等营销模式，推动优质农产品进市场、进商超、进餐企、进网络。四是支持我省优质农产品品牌在中央电视台、人民日报、湖北电视台等国内主流媒体开展专题宣传推介。

（七）健全品牌服务体系，加大品牌保护力度

一是加强中介机构能力建设，注重发挥行业协会等社会专业组织在品牌整合、行业自律、创建区域公用品牌中的作用。鼓励支持行业协会、品牌创建主体等开展标准制定、技术服务、市场推广、品牌培训等业务。加快建立健全品牌运营管理制度，按照“一个公用品牌、一套管理制度、一套标准体系、多个经营主体和产品”思路，建立农产品品牌运营机制。二

是加快引导各类涉农企业、农民专业合作社等市场主体，通过品牌注册、培育、拓展、保护等手段，创建自身品牌，保护知识产权，努力打造以品牌价值为核心的新型农业。三是研究建立品牌建设与保护机制，加快制定和完善农产品品牌权益保护规章制度，依法保护品牌，维护品牌质量、信誉和形象。

三、保障措施

（1）加强组织领导。各级农业农村部门要进一步提高认识，加强组织领导，健全工作机制，落实工作责任，以品牌为引领，推动农业高质量发展。相关单位要统一思想，细化任务分工，各司其职，密切协作配合，形成分级负责、任务明确、上下联动、协调推进的工作机制，共同推进农产品品牌建设工作。

（2）加大政策支持。省级安排品牌建设资金对重点品牌打造给予重点支持。各级农业农村部门要争取当地政府支持，为农产品品牌建设安排必要的资金，采取奖补等方式，对品牌创建、品牌认证、质量提升、技术创新、品牌宣传推广等有利于品牌发展的各项活动进行激励。有关项目资金要向品牌农业新型经营主体倾斜。发挥财政资金引导作用，创新投融资方式，拓宽资金来源渠道，撬动社会资本参与品牌建设。

（3）加大品牌宣传。加强对品牌建设工作的宣传，综合利用各类媒体媒介，推出具有较强宣传力和影响力的品牌推介活动。发挥电视、报纸、广播、网络、“双微平台”等媒体的作用，全方位、多角度、立体化地宣传品牌建设工作，总结交流建设经验和做法，注重典型带动，推广先进经验，扩大社会影响，营造全社会发展品牌、消费品牌、保护品牌的良好氛围。

广东省农业农村厅关于加快推进“粤字号”品牌强农的实施意见

深入贯彻落实党的十九大精神，全力推动乡村振兴战略，全面推进农业农村经济高质量发展，产业兴旺是基础，品牌发展是关键。深入推进“粤字号”品牌强农，把具有岭南特色的“粤字号”农业品牌做大做强，推进农业农村现代化，是实施乡村振兴战略的重要内容。为贯彻落实《中共广东省委、广东省人民政府关于推进乡村振兴战略的实施意见》和《农业农村部关于加快推进品牌强农的意见》，深入推进品牌强农，针对我省省情农情，现提出如下意见。

一、充分认识新时期加快推进“粤字号”品牌强农的重要性和紧迫性

（一）推进“粤字号”品牌强农是实现农业农村经济高质量发展的必由之路。把农业品牌建设作为乡村振兴特别是产业振兴的重要抓手，加快推进品牌强农，有利于推动我省农业由增产导向向提质导向转变，推进农业供给侧结构性改革，使农业供需关系在更高水平上实现新的平衡，实现“做强一产、做优二产、做活三产”，加快农业转型升级，促进三产融合发展，实现农业农村经济高质量发展。

（二）推进“粤字号”品牌强农是充分挖掘广东资源特色的有效途径。加快推进“粤字号”品牌强农，充分发挥我省乡村自然资源和岭南文化优势，着力做好“特”字文章，做强一批“粤字号”农业品牌，弘扬岭南文化、凸显广东特色，打造高品质、有口碑的广东农业“金字招牌”，在激烈的市场竞争中脱颖而出，提升对外合作良好形象，增强我省农产品的市场号召力和影响力。

（三）推进“粤字号”品牌强农是解决广东发展不平衡不充分问题的必然选择。我省城乡区域发展不平衡不充分的矛盾突出，缩小粤东西北与珠三角差距，是广东区域协调发展的紧迫任务。发展品牌农业是实现农业增效农民增收的有效途径，是粤东西北欠发达地区发展现代农业的必然选择。推进“粤字号”品牌强农，打造知名品牌，做大优势品牌，创建特色品牌，发挥品牌集聚效应，让农民获得更大品牌溢价收益，实现农业综合效益的提升，尽快让农业强起来、农民富起来、农村美起来，让广东父老乡亲的获得感、幸福感、安全感更加充实、更有保障、更可持续。

（四）推进“粤字号”品牌强农是满足人民群众美好生活向往的内在要求。广东是农产品生产与消费大省，本地区消费市场巨大，同时具有广阔的港澳乃至海外市场，中高端农产品需求旺盛。推进“粤字号”品牌强农，借力粤菜风靡海内外，扩大优质绿色品牌农产品供给，提升农业生态服务功能，有利于为城市提供优质安全的食材来源、绿色的生态屏障和广阔的发展空间，更好地满足人民日益增长的美好生活需要。

二、总体要求

（一）指导思想

全面贯彻党的十九大精神，以习近平新时代中国特色社会主义思想为指导，深入贯彻落实习近平总书记视察广东重要讲话精神，按照乡村振兴战略的总体部署，拿出“走在全国前列”的气魄和举措，以推进农业供给侧结构性改革为主线，以提质增效为目标，立足广东特色农业资源禀赋，坚持市场导向，提升产品品质，注重科技支撑，厚植岭南文化精髓，融会岭南文化内涵，完善制度体系，着力塑造品牌特色，增强品牌竞争力，加快构建现代农业品牌体系，打造一批“粤字号”农业知名品牌，培育出若干个“中国第一，世界有名”的农业品牌，确保三年取得重大进展、五年见到显著成效、十年实现根本改变，促进农业增效、农民增收和农村繁荣，推动广东向农业品牌强省转变。

（二）基本原则

坚持整体规划、合力推进。品牌建设是一项复杂的系统工程，要综合设计、统筹谋划，实现设计、研发、生产、营销等环节的相互协同。要强化部门联动，发动全社会各方面力量积极参与和推动品牌建设，形成合力，协同推进。

坚持市场主导、政府推动。以市场为导向，以企业为主体，激发品牌农业发展内生动能。发挥好政府在品牌培育中的作用，强化政府服务，完善政策引导、公共服务和监管保护机制，为品牌发展营造良好环境。

坚持质量第 、效益优先。品质是品牌的前提和基础，是抵御市场风险的基石。要严把质量安全关，走质量兴农，以质取胜的道路，坚持质量第一、效益优先。要着力提升产品品质，通过规模化、标准化提高综合效益，推动品牌建设又快又好发展。

坚持分类实施、循序渐进。要立足广东特色农业资源与优势产业基础打造品牌，充分发挥岭南特色，分类别分产业推进，探索符合本地区本产业特色的品牌建设路径。要立足当前，制定中长期品牌战略规划，确定阶段性目标和行动方案，分步实施，扎实推进。

坚持传承文明、自主创新。农业品牌建设既要保护弘扬岭南文化，充分挖掘品牌历史文化渊源，丰富品牌内涵，又要把增强自主创新能力和提高管理水平作为增强品牌竞争力的根本途径，着力增强自主创新能力，提升产品科技含量，增强品牌竞争力。

（三）发展目标

到2022年，我省农业品牌化水平显著提高，全省打造十大“粤字号”广东现代农业产业品牌，擦亮区域公用品牌、壮大企业品牌、打响产品品牌，建设50个重点特色农产品优势区，统一形象标识，面向全国集中推介广东“大而优”大宗农产品品牌；发挥广东品种丰富、生态多样性优势，做好“特”字文章，鼓励各地围绕岭南文化、体现广东特色、展现现代农业科技成果、受到广大百姓信赖赞誉的区域特色品牌，打造300个特色农产品优势区，让“小而美”的特色农产品品牌丰富老百姓的餐桌。形成一批全国影响力大、区域特色明显、国际竞争力强、文化底蕴深厚的省级农业品牌，打造10个品牌价值超100亿元的全国知名区域公用品牌，做精做强300个省级农产品区域公用品牌，发展壮大300个省级农业企业品牌，扶持推介2000个质优品佳农产品品牌。

三、主要任务

（一）夯实品牌发展基础，实现产业提档升级

将品质作为品牌发展的第一要义，坚持市场导向、消费者至上，大力推进农业标准化，统筹农业生产、加工、冷链物流等设施项目建设，建设一批规范标准、生态循环的农产品种养加基地，把优质产出来。鼓励各地结合区域自然、人文和工艺特色，自主选择粮食产品、园艺产品、畜产品、水产品、林特产品等特色主导品种，促进粮食薯类、蔬菜瓜果、茶叶蚕桑、花卉苗木、食用菌、南药、生猪、家禽和特色养殖产业提档升级，大力发展木本粮油等特色经济林、珍贵树种用材林、花卉竹藤、森林食品等绿色产业。加快构建现代农业绿色生产和农产品质量安全追溯体系，将产品安全、资源节约、环境友好贯穿始终，强化品牌农产品质量安全全程监管，把安全管出来，通过品牌保证人们对产品质量的信心。

（二）激发品牌发展动力，实现农业高质量发展

以科技为支撑，强化现代要素集成运用，大力推广运用新技术，把新品种培育和技术创新作为提升特色农产品市场竞争力的战略措施，让产业强起来。推进特色农产品生产“接二连三”，延长产业链，培育壮大新产

业、新业态，与现代农业产业园、农业科技园区、农村产业融合发展示范园、特色村镇等建设有机结合，实现一二三产业深度融合和全链条增值。完善利益联结机制，让农民更多分享产业链增值收益。以品牌为驱动，大力发展农产品电商，培育新农人，鼓励大学生“三农”创业，激发“三农”创业创新活力。

（三）抓好“粤字号”顶层规划，完善农业品牌体系

彰显岭南文化底蕴，突出广东特色农业资源优势，以市场需求为导向，科学制定广东农业品牌发展规划，做精做强“粤字号”农业品牌，体现岭南文化、突出区域特色、导向绿色优质、强化标准化体系、创新包装理念、统一形象设计，全面提升我省“两类三级”的农业品牌发展架构，以区域公用品牌为核心，将区域公用品牌和特色农产品优势区建设紧密结合，积极培育“大而优”的大宗农产品品牌和“小而美”的特色农产品品牌；激发农业经营主体活力，充分发挥组织化、产业化优势，与原料基地建设相结合，加强自主创新、质量管理、市场营销，打造具有较强竞争力的企业品牌。初步形成以“区域品牌、企业品牌、产品品牌”新三品为纲、广东特色鲜明、互为补充的农业品牌体系，提升产业素质和品牌溢价增收能力。

（四）建立品牌发展机制，应用大数据强化监管

建立健全广东农业品牌培育监管保护机制，建立农业品牌目录制度，发布品牌权威索引，实行动态管理，定期更新发布名特优新农产品品牌目录、“三品一标”农产品目录，引导社会消费。健全广东品牌农产品管理办法，加大品牌保护力度，鼓励和引导品牌主体加快商标注册、三品一标、名牌产品认证等，规范品牌创建标准，切实加强品牌质量保证和诚信体系建设，形成崇尚品牌、尊重品牌、维护品牌的良好氛围。建立品牌监测机制，充分运用大数据、云计算等信息化手段加强品牌监管，服务品牌消费，完善农业品牌诚信体系，形成创品牌、管品牌、强品牌的管理机制。开展品牌评测，每年发布广东省农业品牌发展报告，总结品牌发展成果，分析发展趋势和方向，推动优质品牌创建。

（五）加强“粤字号”评选推介，营造比学赶超氛围

加大品牌培育力度，开展“粤字号”系列品牌农产品评选推介活动，持续筛选一批叫得响、过得硬、有影响力的区域公用品牌，广泛开展深入田头、现场推介、品鉴体验、线上推广、品评结合、高峰论坛等接地气、重体验、推品牌、促消费的活动，引领广东品牌渗透城市社区、对接集团餐饮、全球宣传推广，让好食材成为粤菜的有效支撑，让老百姓真切地体验和感受到品牌农产品的价值，提升消费者对品牌农产品的信赖水平，促进农产品消费结构升级。统筹资源加大“粤字号”农业品牌媒体宣传，充分应用网站、微信、微博、报纸、杂志、电视、广播等渠道对“粤字号”农产品进行大力宣传推介，积极宣传品牌文化、品牌故事、品牌人物，树立品牌创建、品质提升、质量保障、市场拓展的典型榜样，让全社会关注品牌，营造比学赶超的品牌农业发展氛围。根据农业“走出去”的形势和任务，适时组织境外“粤字号”品牌宣传推广，推动形成广东农业开放新格局。

（六）发展特优区做强区域品牌，实现强农富民兴村

立足区域资源特色，将具有广东特色、优势明显、产业基础好、发展潜力大、带动能力强的优势产业和特色农业培育成区域重要支柱产业、农民持续增收的重要战略产业。以我省特色优势产业为重点，打造一批“粤字号”省级公用品牌，认定重点农产品优势区，统一形象、规范标准、绿色生产、产业化经营、全产业链发展，成为广东名片，全国知名，享誉海内外；以广东名特优新农产品区域公用品牌为核心，创建我省特色农产品优势区，发挥广东品种丰富、生态多样性优势，做好“特”字文章，将区域公用品牌和特色农产品优势区建设紧密结合，推动“区域公用品牌—核心企业—产品品牌”协同发展，做强特色区域公用品牌，延伸产业链，打造一批全国知名特色农产品优势区。通过品牌培育，带动激活特优区创建，在品牌培育上发挥示范和引领作用。支持有强烈愿望、有实际需求、具备条件的地方和企业开展品牌整合，塑强区域公用品牌。

（七）推动“新三品”进入市场，丰富居民食材消费

用品牌覆盖农业全产业链，发挥消费市场优势，打造一批全国知名的区域公用品牌、企业品牌、产品品牌。以时令节气为主题、区域公用品牌

为驱动、核心企业为支柱、品牌产品为载体，设立线上线下结合的广东“新三品”农产品专区，深入消费社区，推动“产地＋农民—社区＋市民”产销互动对接；以“传统粤菜 岭南食材”为切入点，让老百姓对我省农产品“听得到、看得见、摸得着、有品鉴、买得到、一起评”，实现百县特产到社区、品牌产品进万户、百姓分享促推广、名特优新随时买。

（八）加速农产品电商发展，实现快捷出村进城

切实推动“粤字号”品牌农产品上行，搭建广东品牌农产品电商专区，探索建立广东农产品电商奖补机制。加快构建公益性农产品市场体系，加强农产品产地预冷等冷链物流基础设施网络建设，支撑农产品电商发展，增强储、运、配各环节冷链建设，降低农产品电商物流成本，解决好农产品电商“最先一公里”和“最后一公里”的问题。支持各类物流快递企业加快向农村布局，提高农产品集散能力；面向城市鲜活农产品电商消费全面提升社区配送能力，优化居民消费体验。支持渠道商落地配、社区生鲜 O2O 等线上线下无缝对接的新零售模式，探索农业产业与电子商务深度融合、共促共赢的最优路径。

四、保障措施

（一）加强组织领导

各地要充分认识品牌强农的重要意义，以质量第一、品牌引领为工作导向，将推进“粤字号”品牌强农工作纳入各级领导的重要议事日程。省农业农村厅统筹负责全省农业品牌建设，制定实施方案，协调督促落实。各级农业部门牵头负责本地农业品牌建设和管理，会同有关部门研究制定农产品品牌建设实施方案，精心组织实施。

（二）加大政策扶持

各地要积极整合资源，采取多种形式加大对省“十大名牌”系列农产品、名牌产品（农业类）、名特优新农产品等“粤字号”品牌的扶持力度，推动“粤字号”品牌强农工作。发挥财政资金引导作用，利用农业供给侧基金等社会资本参与农产品品牌建设。培育农业品牌理论研究机构和农业品牌评价机构，逐步提高公信力。鼓励发展一批品牌农业建设中介服务机构，建设一批品牌农业专业化服务平台，提升品牌设计、营销、咨询、评价、认证等方面的专业化服务水平。强化品牌化营销培训，加快培育农业

经营主体和创新人才。

（三）加强总结宣传

各级农业部门要结合本地实际，打造一批农业品牌，培育一批市场主体，总结一批典型经验，精心策划，整合各类媒体资源，组织开展具有较强宣传力和影响力的品牌宣传推介活动，营造全社会发展品牌、消费品牌、保护品牌的良好氛围，以品牌建设引领现代农业产业发展，推动乡村振兴。

广西壮族自治区农业厅关于加快推进广西农业品牌建设的指导意见

各市、县（市、区）农业局（农委）、水产畜牧兽医局：

为深入贯彻落实党的十九大报告关于实施乡村振兴战略要求，以及《中共中央国务院关于实施乡村振兴战略的意见》《农业部关于大力实施乡村振兴战略加快推进农业转型升级的意见》和2018年全区农村工作会议精神，加快农业品牌创建，深入推进农业供给侧结构性改革，提高农业综合效益和竞争力，促进农业增效和农民增收，结合广西实际，提出如下指导意见：

一、重要意义

品牌是现代农业产业的核心竞争力。加快推进广西农业品牌建设，推动“区域、企业、产品”三位一体的品牌发展，打造一批叫得响、立得住、有影响力的农业品牌，提高农业综合效益和竞争力，对推进实现全区农业现代化具有重要意义。

（一）加快推进农业品牌建设是推动农业供给侧结构性改革的重要举措。实施农业品牌战略作为调结构、转方式的重要抓手，有利于提升农业供给质量，推动农业由增产导向转向提质导向，更好满足公众消费从“吃得饱”向“吃得好”“吃得健康”转换的供给需求，促进农村经济持续健康发展。

（二）加快推进农业品牌建设是提升农业核心竞争力的关键要素。当前，广西农业品牌层次较低，市场竞争力不强，消费者对广西农产品的认知度、认同度、忠诚度还需进一步培育。实施农业品牌战略，培育一大批具有市场号召力的广西农业品牌，进一步提升广西农业品牌影响力和竞争力，是实现广西农业弯道超越的关键路径。

（三）加快推进农业品牌建设是促进农业增效农民增收的有力抓手。大品牌体现大价值。推进农业品牌建设，发挥品牌集聚效应，解决农产品销售难，以及无效低端供给过多和中高端供给不足的问题，推动我区农业由数量、资源优势转化为产业、市场优势，进一步拓宽我区农产品销售市场，实现品牌溢价，为农业增效和农民持续增收开辟新路径，为我区精准脱贫持续发力。

二、总体要求

（一）指导思想

以习近平新时代中国特色社会主义思想为指导，深入贯彻党的十九大和习近平总书记系列重要讲话特别是视察广西时重要讲话精神，深入实施乡村振兴战略，以绿色食品、有机农产品为重点，规范农产品地理标志等区域公用品牌的授权经营，大力推进农业品牌建设，全面推进农业品牌商标的发展和保护，着力打造一批叫响全国乃至世界的广西农业区域公用品牌、企业品牌、产品品牌（简称“新三品”），引领全区现代特色优势产业提档升级，将广西构建成全国知名的绿色优质品牌农产品生产基地区、品牌农产品引领农业供给侧结构性改革窗口区、辐射东盟的农业绿色发展标杆示范区。

（二）基本原则

1. 坚持市场导向。主动适应市场全球化及我国消费升级的新需求，政府部门、农业企业、农民要以市场为导向，依托各地资源优势、地域文化和产业特色，进行有效的品牌定位，培育一批农业知名品牌，提高农产品市场影响力和竞争力。

2. 坚持企业主体。明确农业龙头企业、农民合作社、家庭农场等新型农业经营主体作为农业品牌建设运行的主体地位，通过商标注册、标准制定、质量管理、品牌培育、文化挖掘和科技创新等手段，创建自主品牌，努力打造以品牌价值为核心的新型农业产业。

3. 坚持政府引导。发挥各相关部门的引导作用，完善相关政策和产业技术标准，通过品牌建设政策资金扶持、农业区域公用品牌培育、品牌营销宣传、市场监管执法等一系列措施，营造全社会重视、支持和保护品牌建设的良好环境。

4. 坚持社会共建。构建“企业主动、政府推动、部门联动、社会互动”的农业品牌建设机制，相关部门、企业、社会组织、公众等共同参与、各司其职、整体发力，形成齐抓共管、共建共享格局。

5. 公用品牌引领。打造一批具有市场号召力的广西农业区域公用品牌，提升广西农业品牌影响力，培育全国乃至全球消费者对广西农产品的认知度、认同度、忠诚度，为提高农业主体市场竞争优势提供有力支撑。

（三）目标任务

围绕“绿水青山、长寿壮乡”主题，到2020年，打造在全国有影响力的广西全域农业品牌形象和30个地方区域公用品牌；围绕“生态八桂、高端品质”主题，打造10个以上的“桂”字大型农业企业、产业联盟、专业合作组织（企业品牌）和10个以上全国有名的农产品品牌，其中，品牌企业营业额100亿元的2个以上、品牌产品年产值超过10亿元的10个以上，引领形成一批在全国有较强竞争力的企业品牌和产品品牌。

三、重点工作

围绕国家农业品牌战略部署，强化政府顶层设计职能，健全部门品牌服务体系，引导农业龙头企业和专业合作组织等经营主体将品牌战略与国家产业政策相结合，深化改革，整合资源，发展农产品生产加工业，推动产业优化升级，努力实现从低附加值向高附加值、从价格竞争优势向技术竞争优势、从成本竞争优势向品牌竞争优势的转变，打造一批受消费者信赖、市场竞争力强的广西农业品牌集群。

（一）实施农业品牌战略规划定位工程

根据我区农业资源优势、产业发展现状和地域文化特色，科学制定农业品牌发展规划和“桂”字农业品牌的规划，进一步明确品牌创建数量、区域布局、发展定位和目标市场，构建结构合理、规模适度、特色各异、优势互补的农业品牌体系，全面推进农业商标品牌的发展和保护，引导农业品牌建设有序推进。

通过政府购买服务方式，委托国家权威研究和咨询策划机构开展广西全域农业品牌整体形象和“桂”字农业品牌的策划设计、宣传推介、市场运用、价值评估等活动，树立一个主题鲜明、享誉市场的广西农业品牌形象和“桂”字农业品牌，实现品牌价值快速提升。

建立农产品品牌目录制度，把具有一定影响力的农业区域公用品牌、企业品牌和产品品牌纳入全区农业品牌目录，作为品牌推介、品牌扶持的重要依据，品牌目录实行年限制和淘汰制，由农业部门定期考核、发布，实行动态管理。

（二）实施农业标准化强基示范工程

突出绿色生态、长寿健康的广西农产品特性，以现代特色农业示范区、特色农产品优势区为依托，按照绿色食品、有机食品标准打造一批特色农产品标准化生产示范基地，农作物面积达到300万亩以上，全区畜禽规模养殖场生态养殖比重达到60%，畜禽标准化规模养殖示范场30个以上。引导各类主体加强品种选育、基地建设、品牌培育，推广物联网、水肥一体化等适用技术，引领全区高标准生产，辐射带动全区主要农产品规模生产基地全部实现标准化生产。

建立健全农业标准化体系，按照绿色优质农产品、生态种养等要求，制定完善“桂”字品牌农产品生产环境标准、生产标准、产品标准、加工和包装标准、流通（配送）标准等。指导农产品生产企业建立配套生产技术规范和操作规程，把农业产前、产中、产后各个环节纳入标准生产和标准管理的轨道，做到农业生产经营有章可循、有标可依。

实施化肥、农药“零”增长计划，发展生态循环农业，推广测土配方施肥和水肥一体化新技术，大力推广施用有机肥和绿色植保技术，提升农产品品质。实施耕地质量保护与提升行动，改良土壤、培肥地力、控污修复。打好农业面源污染防治攻坚战，有效治理畜禽养殖污染、农田残膜污染和耕地重金属污染，强化农产品“从田头到餐桌”的全程监管，确保农产品质量安全。

（三）实施“三品一标”提质溯源工程

全面贯彻落实习近平总书记视察广西时提出的“增加绿色优质农产品生产供给”的要求，按照一个产地、一个主体、一个产业、一套标准、一套监管体系以及“一品一码”的模式，重点抓好绿色食品、有机食品和国家地理标志农产品的发展，打造一批“三品一标”一二三产业融合发展基地、农产品地理标志示范样板，鼓励创建全国知名品牌示范区和国家有机产品认证示范区。到2020年，全区“三品一标”产品数量达到1200个以上，“三品一标”面积达到1400万亩以上，产量达到1350万吨以上。

提高农产品质量安全追溯能力，推动物联网在农业的广泛应用，建立全程可追溯、互联共享的追溯监管综合服务平台，逐步推行合格证管理制度，引导农产品生产企业或专业合作组织开展农产品商标注册，实现身份识别、可靠溯源，完善农产品质量安全追溯体系和信用体系建设，搭建农业品牌信用信息大平台，鼓励申报政府质量奖和广西名牌产品。

（四）实施“新三品”市场占有率提升工程

用品牌覆盖农业全产业链条，打造一批在全国有较大影响力的区域公用品牌、企业品牌、产品品牌（“新三品”）。建立广西农业区域公用品牌认定制度，支持各地参与国家地理标志农产品等农业区域公用品牌认定。规范各地区域公用品牌经营授权，促进品牌价值市场转换，鼓励国内外企业通过股权合作等形式推进各地区域公用品牌授权经营规模化、集约化，打造一批具有高市场占有率的优秀品牌。建立品牌经理制度，强化农业新型经营主体品牌经营意识，引进品牌策划国家团队，协助企业策划包装、宣传企业品牌、产品品牌，每年打造8～10个在全国乃至世界叫得响的“桂”字企业品牌和产品品牌。

（五）实施示范区增点扩面提质升级工程

围绕增点、扩面、提质、升级，推动广西现代特色农业示范区建设跃上新台阶，打造我区现代农业靓丽品牌。不断增加示范区的数量，到2020年，建成自治区核心示范区300个、县级示范区600个、乡级示范园3000个，每个行政村至少有1个示范点。进一步扩大示范区区域、品种、产业、行业覆盖面，优化布局，全方位宽领域增强示范带动效应。大力推动示范区发展质量和效益，着力补齐农产品加工短板，打造农业全产业链，着力提升农产品品种品质，深度挖掘示范区效益潜力。推动示范区产业升级、技术升级、改革升级，优化示范区主导产业结构，建立农科教、产学研联合协作机制，加快农业生产经营模式变革，提升现代特色农业示范区在促进农村就业、农民增收、脱贫攻坚等方面的辐射带动能力。

（六）实施特优区创建领航发展工程

广西特色农产品优势区以特色优势品种为主线，以引领农业供给侧结构性改革为己任，以整县域为基本单位，以品牌建设和市场营销为建设重点，以中高端消费群体市场为主攻目标，以绿色食品标准为基本生产标准，每年打造 8～10 个广西第一、全国有名、世界有一定影响力的绿色生态品牌，形成较大规模的市场占有率，为农民持续增收开辟新路径，为广西现代农业引领新航向。到 2020 年，全区力争创建广西特色农产品优势区 30 个以上。

（七）实施新农民新技术创业创新工程

以全面推进信息进村入户工程为契机，推动互联网、大数据、人工智能在我区农村经济社会中的运用，在农业农村发展质量变革、效率变革、动力变革中，创造一批具有强劲发展动力的新品牌。加大新型职业农民培养力度，大力培育新型农业经营主体，加快建设知识型、技能型、创新型新农民队伍，推动创业，努力让农业成为有奔头的产业、农民成为有吸引力的职业、农村成为安居乐业的美丽家园，吸引更多人才投身农业发展和农村建设，为推进农业农村现代化不断注入新动能，打造一批广西乡村振兴的新名片。到 2020 年，全区建成村级信息服务站（益农信息社）15000 个，每年培育新型职业农民 17000 人，每年新增农民专业合作社 5000 个，以新技术创业的农民 15000 人以上。

（八）实施市场新业态培育创新营销工程

搭建多层次农产品营销平台，提升品牌传播力和影响力。积极组织企业参加丰富多彩的农业展会、产销对接会、农产品推介会等，借助大数据、云计算、移动互联等新技术手段，大力发展数字农业、智慧农业，帮助企业拓宽营销渠道。鼓励农业新型经营主体在大中城市和社区建立专卖店，专柜专销、直供直销，建立稳定的销售渠道。创新品牌农产品营销方式，大力发展农业电子商务、直销配送、农超对接等新型营销模式，实现线上线下结合，生产、经营、消费无缝链接的营销系统。支持品牌企业走出去，大力拓展国际市场。全区每年组织开展大型农业会展 10 场以上，组织参与企业 1000 家以上，向全国重点推介“新三品”100 个左右，到 2020 年全区建成以农产品上行（指以农村电商为媒介，打开本地特色农产品的销售渠道，让特色农产品从田间直达全国百姓餐桌的一种运营模式）为主要业务的农业电子商务经营门店15000个以上，形成覆盖全区行政村的农产品电子商务体系。

四、保障措施

（一）加强组织领导。各级农业部门要推动建立政府主导，农业部门牵头，发改、财政、工商、质监、商务、林业、水产等有关部门参加的联席会议推进机制，制定实施方案，明确发展目标，协调、统筹农业品牌建设工作，形成上下联动、目标一致、行动统一的良好局面。

（二）加大扶持力度。各级农业部门要积极创造条件，加大资金投入，支持帮助农产品地理标志“桂”字农产品及“桂”字品牌企业、品牌农产品和纳入广西农产品品牌目录的企业、产品积极申报中央及自治区各类农业项目。

（三）抓住关键环节。发挥各级农业部门的引导作用，积极做好服务指导工作，重点抓好区域公用品牌、企业品牌和产品品牌建设，实施分类指导。农业区域公用品牌要以县域或特色农产品优势区为重点，加强基地和示范区建设，建立品牌创建利益联结机制，使其成为“地域名片”。农业企业品牌要以农业产业化龙头企业为主，发挥引领带动作用，强化产品质量认证及体系认证，使其成为参与国际竞争、占领国际市场的“主力部队”。农产品品牌要以农民合作社、家庭农场为载体，打造植五谷、饲六畜、渔樵耕读、耕织结合的“小而美”特色品牌，使其成为富国足民的“金字招牌”。建立健全“三品一标”工作机构，形成自治区、市、县（市、区）三级“三品一标”工作机构体系。

（四）优化培育环境。开发广西农产品品牌目录大数据平台，充分运用大数据、云计算等信息化手段加强品牌行政执法，实行品牌信用监管。不断完善品牌授权经营制度，使授权经营适应不断发展变化的市场要求。强化农产品质量安全监管，深入开展打击侵权假冒工作，保持打击侵权假冒高压态势。加强与发改、商务、工商、质监等部门的协同配合，形成创品牌、管品牌的联动机制，用部门的合力确保标准的权威性，以标准促品牌，以品牌带产业。

（五）大力宣传推介。拓展上海、香港、西安、内蒙古等区外农产品销售平台，加大农产品品牌目录中的品牌农产品营销推介力度。鼓励农业龙头企业等新型经营主体参加“一内一外”广西农产品交易会、中国国际农产品交易会、中国国际茶叶博览会、中国—东盟博览会农业展、中国荔枝龙眼产销对接会等农业展会。各地要充分利用本区域、本行业的各类展会，加大对品牌农产品的宣传推介。借助中央电视台、广西电视台、农民日报、广西日报等传统媒体以及广西农业信息网、广西农业官方微博、微信等新媒体，搭建品牌农产品国内外立体宣传网络，分地区、分类别对品牌农产品进行集中“打包”宣传，扩大品牌农产品的美誉度和影响力。

附件：自治区农业厅关于加快推进广西农业品牌建设的指导意见

广西壮族自治区农业厅

2018 年 4 月 27 日

宁夏回族自治区人民政府办公厅关于加快推进宁夏特色优质农产品品牌建设的意见

市、县（区）人民政府，自治区政府各部门、各直属机构：

为深入推进农业供给侧结构性改革、加快培育农业农村发展新动能，切实把“枸杞之乡”“滩羊之乡”“甘草之乡”“硒砂瓜之乡”“马铃薯之乡”的区域品牌宣传推广好，把我区享誉盛名的“原字号”“老字号”“宁字号”农产品品牌打出去，充分发挥我区特色优势农业产业的引领带动作用，全面提升现代农业的整体效益，促进农民持续增收，现就加快推进我区特色优质农产品品牌建设提出以下意见。

一、总体要求

（一）指导思想

按照特色产业、高品质、高端市场、高效益的“一特三高”现代农业发展思路，以“塞上江南美、特色农业优”为主题，主攻优质粮食和草畜、蔬菜、枸杞、葡萄“1＋4”特色优势产业，用品牌引导消费、带动市场，传承弘扬黄河文化、红色文化和农耕文明的历史积淀，彰显品牌的文化内涵，全面提升农产品品牌效应，加快农业提质转型升级步伐，努力实现我区从农产品生产小省区到品牌农业强省区的转变。

（二）基本原则

坚持品牌带动的原则。积极引导和充分发挥龙头企业、合作社和家庭农场在农产品品牌创建和品牌营销中的主体作用，推进品牌建设。鼓励他们通过商标注册、质量管控、文化创意、科技创新、市场营销等手段，创建自主品牌，做优做强以品牌价值为核心的现代农业。

坚持市场导向的原则。充分发挥市场在资源配置中的决定性作用，促进资源和要素自由流动、平等交换，主动适应国内国际两个市场需求，对农产品品牌进行市场定位，培育宁夏农产品品牌集群，塑造具有宁夏特色的农产品品牌形象。

坚持政府推动的原则。强化政府的组织、推动责任，不断完善品牌农业的金融和财政扶持政策体系，加强引导、大力推进。强化市场监管，依法保护品牌主体的合法权益，加强品牌营销体系和宣传平台建设，营造发展保护农产品品牌的社会氛围，努力扩大宁夏优质农产品的对外知名度。鼓励和保障公众积极参与农产品品牌评价和监管。

坚持质量取胜的原则。加强标准化建设，确保品牌农产品具有特性特质，实现优质优价。建立健全品牌农产品质量保证体系，增强宁夏品牌农产品的美誉度。

坚持试点先行的原则。依托资源优势，根据自治区农业产业布局、产品结构的现状及发展趋势，按层级、有计划、有步骤地征集、筛选、确定重点培育的农产品品牌。围绕枸杞、滩羊、硒砂瓜、马铃薯等特色优势产业，以农产品质量标准体系建设和市场营销体系建设为突破口，选择部分市县重点抓好相关优质农产品品牌建设，发挥示范引领作用。

（三）发展目标

在国内国际市场上，打造享有较高知名度和影响力的宁夏农产品整体品牌形象，培育一批特色鲜明、知名度较高、发展潜力大、带动能力强的宁夏农产品区域公用品牌、企业品牌和产品品牌。力争到2020年，培育农产品区域公用品牌超过30个，各类国家级农业产业化龙头企业及知名企业超过50个，特色优质农产品品牌超过100个，农产品电商品牌超过10个，使我区农产品品牌价值得到大幅提升。

二、主要任务

（四）加强品牌农业标准化生产

树立“质量为本、以质取胜”的理念，制（修）订优质粮食、蔬菜、马铃薯、滩羊、肉牛、奶牛、硒砂瓜、长枣、水产品等产业整套生产管理技术标准，支持鼓励各地制定符合当地农业生产实际的技术规范，全面推进特色优质农产品标准化生产应用；制（修）订宁夏枸杞优质基地建设和全产业链各环节技术标准；制定宁夏贺兰山东麓葡萄酒产区葡萄种植管理标准、酒庄酒生产工艺规范。加快完善分等分级、包装标识、贮藏运输、产地准出和质量追溯等制度，促进农产品按标生产、按标上市、按标流通。以优质粮食、草畜、蔬菜、枸杞、葡萄酒等特色农产品为重点，积极开展无公害、绿色、有机农产品认证，重点发展地理标志农产品，加快“宁夏菜心”“宁夏牛奶”等地理标志登记保护，支持建设一批绿色、有机农产品标准化生产基地和蔬菜标准园、畜禽水产养殖示范场，全面推进农业标准化生产。（责任单位：自治区农牧厅、财政厅、林业厅、葡萄产业发展局、质监局、食品药监局、宁夏检验检疫局、宁夏农科院，各市、县（区）人民政府）

（五）依靠科技创新提升品牌建设

以农业科技提升工程为抓手，加大对生物育种、农机装备、生态环保、节本增效、新产品研发等领域和环节的科技攻关，提升科技创新对产业转型升级的支撑能力。落实“一控两减三基本”措施，全面改善农业生产环境，促进品牌农业可持续发展。加快产学研深度融合，支持以龙头企业和科研院所为主体，建立具有自主知识产权的品牌农产品研发机构和队伍，构建品牌农产品新品种、新技术、新工艺、新机械研发推广体系。加快农业科技成果的转化应用，推动农业特色优势产业质量标准体系建设，提高农产品质量。引导企业与国内外高校和科研院所合作，引进人才技术，培育壮大一批农产品产研销一体化企业。切实抓好农业专家团队、基层农技人员、农村实用人才队伍建设，培育品牌农业发展动力源。（责任单位：自治区农牧厅、教育厅、科技厅、财政厅、人力资源社会保障厅、林业厅、葡萄产业发展局、宁夏农科院，各市、县（区）人民政府）

（六）大力培育品牌农业建设主体

鼓励农业龙头企业、合作社、行业协会等主体加强协作，积极培育、申报生态原产地保护和地理标志证明商标、集体商标，打造农业区域公用品牌。鼓励龙头企业、合作社、家庭农场等申请注册商标，争创中国驰名商标、宁夏著名商标、宁夏名牌产品，培育发展一批大米、枸杞、优质牛羊肉、葡萄酒、供港蔬菜、硒砂瓜、马铃薯等企业品牌和产品品牌。鼓励龙头企业、合作社等新型经营主体，通过订单生产、产供销对接、社会化服务等方式，带动农户品牌农业生产统一管理，质量全程追溯，产业化经营销售，建立紧密企农利益共享机制。引导生产经营主体牢固树立法纪和诚信意识，对自己的生产经营行为负责，自觉接受社会监督。（责任单位：自治区农牧厅、财政厅、工商局、林业厅、葡萄产业发展局、商务厅、宁夏农科院，各市、县（区）人民政府）

（七）打造宁夏特色农产品区域公用品牌

发挥中国“枸杞之乡”“滩羊之乡”“甘草之乡”“硒砂瓜之乡”“马铃薯之乡”品牌优势，提升“宁夏枸杞”“宁夏大米”“宁夏菜心”“中宁枸杞”“盐池滩羊”“贺兰山东麓葡萄酒”“西吉马铃薯”“香山硒砂瓜”“灵武长红枣”等已有区域公用品牌的价值和地位，充分挖掘农业历史文化，新培育“宁夏牛奶”“宁夏马铃薯”“六盘山牛肉”“六盘山冷凉菜”“宁夏鲤鱼”“宁夏甘草”等一批宁夏农产品区域公用品牌。研究设计特色农产品整体品牌形象标识、图案卡通、广告语、创意包装等，推出整体品牌形象，并进行国内外地理标志、集体商标、证明商标注册和版权登记，取得产权保护，授权、指导企业规范使用地理标志、集体商标或证明商标。把“原字号”“老字号”“宁字号”农产品通过整合资源、扩规上档，注入文化、生态、现代营销、服务等新内容，提升活力，形成宁夏农业与文化有机结合的品牌模式，提升品牌溢价效益。积极开发利用富硒资源，发展宁夏富硒农业经济，打造特色优势产业富硒品牌。（责任单位：自治区农牧厅、财政厅、发展改革委、工商局、商务厅、粮食局、文化厅、林业厅、葡萄产业发展局、地税局、交通运输厅、金融工作局，各市、县（区）人民政府）

（八）建立宁夏农产品品牌目录制度

将具有一定影响力的区域公用品牌、企业品牌和产品品牌形成宁夏农产品品牌目录，统一发布，动态管理。研究制定农产品品牌征集办法，明确征集范围、对象和程序；研究制定审核办法，明确审核的要求、内容和责任；研究制定评价办法，包括消费者评价、生产者评价和第三方评价，明确产品产量、质量等评价标准和内容；研究制定列入目录品牌的保护办法；研究制定品牌目录的动态管理办法。对进入宁夏农产品品牌目录的农产品，严格实行质量安全监管，对不按照标准生产的经营主体，坚决予以查处，保护消费者合法权益，维护品牌的市场信誉，保护注册商标专用权，严厉打击侵犯他人商标专用权的违法行为。（责任单位：自治区农牧厅、工商局、质监局、林业厅、葡萄产业发展局、财政厅）

（九）拓展品牌农产品市场销售渠道

创新品牌农产品销售方式，大力发展直销配送、农超对接等新型营销模式。壮大农民经纪人队伍，培养农产品运销专业合作社。改造提升一批农产品物流市场，打造枸杞、牛羊肉、葡萄酒、瓜菜、马铃薯等全国或区域性特色农产品集散中心。充分发挥资本市场在农产品品牌建设中的作用，通过资本市场的运作，在农业产业化经营的各个环节之间建立以资本为纽带的农业龙头企业与农户的利益关联机制，鼓励龙头企业开拓市场、建立基地、带动农户，依靠四通八达的信息网络收集、加工和处理信息，及时根据消费结构变化，发现潜在市场，占得市场先机。鼓励龙头企业等新型农业经营主体，在国内大中城市建设宁夏品牌农产品展示展销中心、外销窗口，组织宁夏农产品品牌目录中的农产品，整体打包进入国内知名超市，设立宁夏品牌农产品销售专区或店中店。实施“互联网＋品牌农产品”行动计划，依托国内外知名电商平台，大力发展农产品电子商务。（责任单位：自治区农牧厅、发展改革委、财政厅、商务厅、林业厅、葡萄产业发展局、信息化建设办，各市、县（区）人民政府）

（十）加强品牌农产品质量安全监测监管

健全自治区、市、县、乡四级农产品质量安全检验检测和监管体系，建立农业投入品在线管理和农产品质量安全可追溯体系。加大农药、兽药、饲料添加剂等投入品使用监管，集中力量重点收缴清除违禁农兽药。

加强蔬菜、牛羊肉、水产品等“菜篮子”产品例行监测，完善市场准入、产地合格证制度。统一印制推广“宁夏”农产品质量安全追溯二维码，将新型经营主体生产加工的农产品全部纳入追溯范围，逐步实现农产品生产、收购、贮藏、运输、销售全程可追溯。建立健全监测结果通报制度和生产经营主体的诚信档案。（责任单位：自治区农牧厅、发展改革委、财政厅、质监局、食品药监局、商务厅、林业厅、葡萄产业发展局、宁夏检验检疫局，各市、县（区）人民政府）

二、保障措施

（十一）加强组织领导

自治区成立特色优质农产品品牌建设工作领导小组，自治区人民政府分管领导任组长，自治区人民政府联系农业工作的副秘书长和自治区农牧厅、党委宣传部、发展改革委、科技厅、财政厅、交通运输厅、商务厅、文化厅、林业厅、葡萄产业发展局、粮食局、地税局、工商局、质监局、食品药监局、金融工作局、宁夏农科院、宁夏检验检疫局等单位负责同志为成员。领导小组下设办公室，办公室设在自治区农牧厅，负责全区农产品品牌建设的统筹、协调、督查和考评工作（不另行文）。自治区各相关厅局和各市、县（区）都要成立相应的工作（领导）小组，把农产品品牌建设纳入重要工作日程，建立工作机制，明确发展目标，制定政策措施，定期研究和大力推进农产品品牌建设工作。

（十二）明确职责分工

自治区各有关部门和单位要根据各自职责将农产品品牌建设纳入工作重要内容，明确分工，落实责任。自治区农牧厅牵头负责对全区农产品品牌建设作出总体规划，明确农产品品牌发展定位，分产业、分阶段、分区域逐步宣传推进；制定宁夏农产品品牌目录制度，负责组织“三品一标”“一村一品”申报、认定等服务工作。自治区林业厅、葡萄产业发展局等部门要按照各自职能，抓好分管农产品品牌建设相关政策和配套措施的落实。自治区工商局负责全区“驰名商标”“地理标志证明商标”“集体商标”“著名商标”的培育、申报、认定等服务工作。自治区质监局负责组织“宁夏名牌产品”申报、评审等工作。自治区发展改革、财政、交通运输、商务、文化、地税、金融、保监、检验检疫、铁路、民航、海关等部门都要在职责范围内，为农产品品牌建设、宣传和市场开拓提供全方位支持和服务。各市、县（区）人民政府是农产品品牌培育的责任主体，负责制定本地农产品品牌建设规划，抓好农产品品牌形象宣传推介、营销和农产品质量安全监测监管等工作。固原市负责马铃薯产业、中卫市负责硒砂瓜产业、盐池县负责滩羊和甘草产业、中宁县负责枸杞产业的农产品品牌建设工作。

（十三）加大政策扶持

自治区各地、各有关部门要把农产品品牌建设工作放在重要位置，加大政策和资金支持。2017 年，自治区各有关部门和各市、县（区）要加大资金统筹和整合力度，安排一定的资金用于农产品品牌建设。自治区财政将逐年加大对农产品品牌建设的支持力度，安排专项资金支持品牌农业发展。按照财权和事权相匹配的原则，自治区各有关部门要适当调整预算结构，增加农产品品牌建设支出，各市、县（区）要统筹安排一定的资金支持当地品牌农业建设。要采取有效的办法和措施调动各类市场主体的积极性，参与农产品品牌建设，研究建立政府推动、企业主体的农产品品牌培育机制，营造公平公开的竞争环境。要瞄准目标市场，把进入大中城市的大中型超市作为主攻方向，扶持有实力的区内外企业扩大宁夏特色优势农产品营销，鼓励开展合作联营，探索建立农产品全产业链营销体系。鼓励支持经营流通主体在全国主要中心城市建设宁夏特色农产品专卖店或体验店。支持企业开展品牌设计、品牌塑造传播、品牌保护和参加国际农产品交易会展览会、中国绿博会等国内知名展会、推介会，宣传推介我区农产品。

（十四）加强宣传推介

加大宁夏特色优质农产品区域公用品牌宣传。在电视、网络等各类媒体的主要时段和重要节点播放宁夏特色优质农产品专题宣传片、广告片；抓住农产品经营流通的关键主体，利用每年 7 月至 9 月的黄金旅游季和春节前 2 个月的关键时段，在一二三线城市飞机场、火车站、港口、中心广场等重要场所和农产品推介会、交易展销会等平台，对我区区域公用农产品品牌进行广告宣传，扩大影响力。建立宁夏品牌农产品微信公众号，开展农产品品牌征文比赛、摄影大赛、微电影大赛、巡回推介等宣传推广活动，组织中央及各省区市全媒体来宁就农产品基地、企业、特色农产品等进行集中采访、集中刊播，营造良好氛围，不断扩大宁夏自主品牌农产品的美誉度和影响力。

（十五）强化管理保护

自治区各级人民政府和各有关部门要不断加强对品牌农产品的监督管理，对宁夏农产品品牌目录实行动态管理，严格准入和退出机制。研究制定宁夏农产品整体品牌使用的授权和监管办法，严格规定宁夏品牌农产品的包装标识。加大对“中宁枸杞”“盐池滩羊”“贺兰山东麓葡萄酒”“香山硒砂瓜”“西吉马铃薯”等地理标志农产品商标、品牌的保护，建立经营主体自我保护、行政保护和司法保护“三位一体”的品牌保护体系，农牧、公安、工商、质监、商务等部门要形成联动机制，严厉查处商标侵权、恶意抢注、非法使用标识等违法行为，建立健全农产品品牌保护跨区域合作机制，加强市场营销和流通环节农产品品牌的保护和管理。

宁夏回族自治区人民政府办公厅

2017 年 5 月 2 日

（六）部分县市级农业品牌政策文件

奉节脐橙产业高质量发展三年行动计划（2022—2024 年）

为全面贯彻落实中央和市委、市政府农业产业发展的决策部署，推动我县脐橙产业高质量发展，结合实际，制定本行动计划。

一、总体要求

以习近平新时代中国特色社会主义思想为指导，全面贯彻落实党的十九大和十九届历次全会精神，以实施乡村振兴战略为统领，以推动脐橙全产业链现代化为抓手，全力打造三峡柑橘黄金带产销核心区、国家现代山地特色效益农业示范区、中国脐橙一流品牌，为“兴业兴城、强县富民”提供有力支撑。

二、重点任务

（一）全力实施品种调优。

1. 加强品种引育。依托国家柑橘产业体系、西南大学柑橘研究所等科研院校，合作开展优良基因研究，每年引进柑橘优新品种不少于3个开展区域试验，筛选优秀品种进行推广。组织专业技术人员深入基地，全面观察挖掘72-1为主的优秀单株接穗，通过优胜劣汰、优中选优，对本土自主产权品种进行培优复壮。（责任单位：县脐橙产业中心）

2. 优化品种结构。以市场需求为导向，进一步优化脐橙品种结构。在严格落实耕地和永久基本农田、生态保护红线前提下，稳定脐橙种植总面积，出台品种调优支持政策，政府统一引进龙回红脐橙等优质品种，支持脐橙种植经营主体通过新栽苗木、嫁接高换等方式淘汰一批品质差、效益低、老化退化品种，提高早熟脐橙品种的占比，逐步将早、中、晚熟品种结构比例调整为3∶4∶3的目标。（责任单位：县脐橙产业中心，各乡镇［街道］）

3. 做好种质资源保护。加强对本地优质柑橘种质资源集中保护，建设72-1脐橙、91脐橙、95-1脐橙、夔柚等种质资源保护圃，创建国家果树种质资源重庆奉节脐橙种质资源库。支持企业建设本土自有知识产权柑橘苗木繁育基地，为我县脐橙产业持续健康发展提供种质资源和苗木保障。（责任单位：县农业农村委、县脐橙产业中心）

4. 加强苗木调运管理。加强政府引导，实行苗木统一调运，严格执行苗木调运检验检疫和全程监管制度。严厉打击无育苗许可证、无出圃合格证、无检疫合格证的“三无”柑橘苗木，对私自购买已定植的无证苗木，按照比例抽样送检，对携带检疫性病害苗木坚决销毁。（责任单位：县农业农村委、县脐橙产业中心，各乡镇［街道］）

（二）大力推动品质提升。

1. 推广标准生产技术。与柑橘科研院所合作，结合奉节实际修订完善《奉节脐橙标准化生产种植技术规程》。结合“农技随访”，标准化示范基地、“好橙人家”的示范带动，运用多媒介、多途径推广标准生产种植技术，力争全县标准化生产种植技术覆盖率达80%以上。（责任单位：县农业农村委、县脐橙产业中心、县人力社保局，各乡镇［街道］）

2. 创建优质脐橙示范区。根据脐橙品种特性、各地海拔土壤气候等不同因素，以生长地理环境、基础设施、种植模式、管理水平、销售情况等为重点，制定《奉节县优质脐橙示范区创建标准》，以乡镇为主体，积极申报创建优质脐橙示范区、出口脐橙基地示范区、有机脐橙基地示范区。对申报乡镇创建过程中加大技术指导、宣传营销、项目支持力度，配套完善水电路网，水肥一体化、机械化省力化设备等基础设施。（责任单位：县发展改革委、县经济信息委、县交通局、县水利局、县脐橙产业中心，各乡镇［街道］）

3. 实施土壤改良。全面推广测土配方施肥、有机肥替代化肥，以政府主导，市场运作方式，建立“测—配—产—供—施”运行机制，实现全县脐橙园测土配方施肥覆盖率95%以上。支持推广建设水肥药一体化设备应用，探索符合奉节生产实际的设备布局，三年实现全县脐橙园覆盖率30%以上。全面推广果园林下绿肥生草栽培种植，选择光叶紫花苕（野豌豆）为主栽品种，白三叶草、鼠茅草等品种为补充，由乡镇负责推动，以规模种植脐橙基地、“好橙人家”为突破口，一年开展示范种植，力争两年实现果园全覆盖，三年巩固提升。（责任单位：县农业农村委、县林业局、县脐橙产业中心，各乡镇［街道］）

4. 严格投入品监管。指导脐橙种植经营主体科学使用肥药投入品，建立投入品记录台账，深入开展“化肥农药‘双减’”行动，3年减少1%以上。建立农资经营监管体系、经营主体诚信体系，加强农资档案管理，开展违规经营专项整治，严厉打击销售假劣农资及违法使用禁限用药物行为。（责任单位：县市场监管局、县农业农村委、县脐橙产业中心，各乡镇［街道］）

5. 加强疫病防控。坚持“预防为主、防控结合”，保障落实病虫防控资金，切实做好柑橘大实蝇、溃疡病、黄龙病等预测预报，全面实施统防统治、联防联治措施，把柑橘大实蝇危害率控制在1%以内，有效遏制柑橘溃疡病的蔓延，坚决防止黄龙病侵入，确保产业安全。（责任单位：县农业农村委、县脐橙产业中心，各乡镇［街道］）

（三）持续推进品牌营销。

1. 研究市场发展趋势。依托国家柑橘体系甜橙试验站、奉节脐橙大数据平台，综合三方机构、行业专家、奉节脐橙经销商构建市场发展趋势研究平台。由县脐橙产业中心牵头，建立定期研究机制，加强对水果市场的跟踪监测，每年定期组织开展对线上线下、国内国际水果市场发展趋势信息进行综合采集、分析、研判。及时将研判的市场发展趋势信息向我县脐橙生产经营主体发布，以市场信息指导奉节脐橙生产，调整产业结构和营销策略。（责任单位：县农业农村委、县商务委、县脐橙产业中心，各乡镇［街道］）

2. 加强品牌建设推广。建立以“奉节脐橙”区域公用品牌为统领，企业自主品牌为依托，“两品一标”为基础的品牌体系，充分发挥脐橙种植经营企业市场主体作用，支持企业创建富有特色的、个性化的企业品牌。每年脐橙种销企业认定重庆名牌农产品1个以上，每年新认证脐橙“两品一标”5个以上，建成全国绿色食品原料（奉节脐橙）标准化生产基地。遵循市场规律，注重消费者需求，以橙博会为主线，细化每月活动推广内容，整合多元推广渠道，结合“线上＋线下”，充分利用“传统媒体＋新媒体”，加强国内宣传，拓展海外推广，将奉节脐橙与奉节旅游、奉节招商进行一体化宣传推广，全面提升奉节脐橙品牌知名度和影响力，实现奉节脐橙品牌价值突破300亿元。（责任单位：县农业农村委、县文化旅游委、县商务委、县投资促进中心、县脐橙产业中心，各乡镇［街道］）

3. 加强品牌监管。修订完善《“奉节脐橙”地理证明商标授权管理办法》，做强做实脐橙产业协会，端口前移，加强授权企业资格审查，加大授权使用主体日常监管，对脐橙销售市场开展联合检查执法，对以次充好、假冒伪劣等侵害奉节脐橙地理标志证明商标权利等违法违规行为严格查处，畅通消费者权益维护渠道。（责任单位：县市场监管局、县农业农村委、县商务委、县脐橙产业中心，各乡镇［街道］）

4. 实施分级分类销售。升级分选设备，建立矩阵式分选体系，按照脐橙的外观、品相、果径、含糖量、维生素C含量等指标进行分级分类，以重庆赤甲集团为龙头，支持引导果农、经销商根据市场需求，细化消费群体，实施奉节脐橙分级分类销售。支持经营主体按照脐橙不同品种品质、线上线下渠道，分类优化设计脐橙果标、箱标和包装。（责任单位：县商务委、县脐橙产业中心，各乡镇［街道］）

5. 完善品质品牌溯源系统。建立检测监管体系，应用物联网、区块链和大数据技术，推广使用果贴、箱贴、二维码等防伪标识，通过建档到户、到园，认证到果，围绕种植、洗选、物流、销售全流程链建设奉节脐橙质量安全追溯管理平台，实行“一果一码”，三年实现奉节脐橙授权、溯源标志使用覆盖超过60%。（责任单位：县市场监管局、县商务委、县脐橙产业中心，各乡镇［街道］）

6. 搭建区域性交易平台。积极争取市级部门支持，以重庆赤甲集团为龙头，以工业园区为载体，建设集洗选加工、冷链仓储、物流集散等功能为一体的三峡柑橘交易集散中心。注重大数据应用，加强与农产品供应链公司合作，建设集线上产销对接、金融服务等功能为一体的中国数字柑橘（奉节）数据应用中心区域运营总部。（责任单位：县发展改革委、县科技局、县农业农村委、县市场监管局、县生态工业园区、县脐橙产业中心、重庆赤甲集团，各乡镇［街道］）

7. 培育市场主体。制定出台市场主体培育扶持政策，加大果品销售巨头招商和外地经销团队引进、本土企业主体的培育，主动为经营主体提供金融、技术、培训、渠道等支持，三年培育年销售额100万元以上电商企业30家、微商20户和线下年销售1000吨以上企业30家。（责任单位：县农业农村委、县商务委、县金融服务中心、县脐橙产业中心，各乡镇［街道］）

8. 拓宽销售渠道。巩固开拓实体市场，每年开展城市营销不少于2次，支持本土经销商开展农超对接和全国重要批发市场对接，每年新设立奉节脐橙销批专区和奉节脐橙直营店不少于50家。提升网销水平，以我县与京东集团签订战略合作协议为契机，深化京东等大型知名电商平台合作。加强对直播、电商经营主体进行系统培训，充分利用抖音、快手等新媒体平台，推动奉节脐橙成为“网红”，奉节脐橙网络销售额突破10亿元。拓展国外市场，三年建立奉节脐橙出口生产基地3万亩，利用国货平台引导供销对接，支持企业进军国际市场。（责任单位：县商务委、县脐橙产业中心，各乡镇［街道］）

9. 畅通物流体系。健全县、乡、村三级物流体系，推进“脐橙”产业与寄递物流产业的深度融合，加快奉节脐橙电商中心布局，实现脐橙产区村（社区）寄递物流服务全覆盖。加快推动京东、顺丰等物流产地仓建设，推行“一件代发”，降低奉节脐橙物流成本，进一步增强奉节脐橙市场竞争力。（责任单位：县商务委、县供销联社，各乡镇［街道］）

（四）创新实施现代化赋能。

1. 推进脐橙产业数字化。加快脐橙产业大数据建设及应用，提升脐橙产业的种植、生产、加工、销售和服务全产业链数字化水平。建设奉节脐橙大数据综合服务信息平台，为果农、供应商、经销商提供农资销售、技术服务、市场交易等信息。加强对智慧果园管理人员的培训，提高管理水平，三年打造智慧果园数字脐橙示范基地 10 个。推进智慧果园依附特色景区、旅游线路等打造新业态，提升产业数字化价值。（责任单位：县科技局、县文化旅游委、县脐橙产业中心，各乡镇［街道］）

2. 推进省力化装备运用。立足奉节脐橙的种植分布、地形地貌等特点，深化与高等院校科研院校的合作，加强技术攻关，探索研发制造推广符合奉节山地果园种植、采摘、转运等现代生产设备，三年实施宜机化改造果园 1 万亩，新装山地轨道运输车 20 公里，机械化率突破 50%。（责任单位：县经济信息委、县科技局、县脐橙产业中心，各乡镇［街道］）

3. 提升产业研发设计能力。深化与高等院校科研院所的合作，成立“奉节脐橙科技协同创新中心”，对脐橙全产业链提供科技支撑，加强技术攻关。合作选育脐橙优新品种，开展新型肥料、病虫防控药品物品等生产投入品研究运用，研发制造推广符合奉节山地果园种植、采摘、转运等现代生产设备和商品化处理设备。实施现有脐橙分选加工厂设备更新升级改造，构建脐橙产业矩阵式加工体系，提升初加工水平。策划包装一批科技攻关项目，招引国内科研院所、业内优质企业围绕脐橙花、果、叶等资源，开展脐橙精深加工技术攻关，提升脐橙产业附加值。（责任单位：县经济信息委、县科技局、县投资促进中心、县脐橙产业中心，各乡镇［街道］）

4. 发展绿色生态循环产业。推进种植业、畜牧业一体化发展，支持培育“果畜沼”生态循环果园，优化果业生态环境，实现种植系统与养殖系统循环链接，提高畜禽粪污资源化利用率。（责任单位：县农业农村委、县生态环境局、县脐橙产业中心，各乡镇［街道］）

5. 强化金融服务保障。加强资金整合，加大财政投入力度，优先支持脐橙产业的发展。建立政府、银行、保险、担保与企业合作支撑平台，探索符合奉节脐橙产业发展的柑橘保险、担保贷款、期货等惠企惠农产品，适度提高柑橘价格保险额度，力争三年后扩大脐橙产业投保面积稳定在15万亩以上，有效降低市场风险和生产成本。（责任单位：县财政局、县金融服务中心、县脐橙产业中心，各乡镇［街道］）

6. 构建社会化服务体系。加强政策扶持、人才支持、技术培训、拓展销售渠道等，依托村集体组织、龙头企业、农户等农村主体，创新深化合作方式，三年培育懂技术、懂生产、懂销售的服务队伍30个，大力推广农业生产托管半托管，开展覆盖产前、产中、产后全过程的社会化服务。（责任单位：县农业农村委、县人力社保局、县金融服务中心、县脐橙产业中心，各乡镇［街道］）

（五）深度推动融合发展。

1. 推动果旅融合发展。依托白帝城、三峡之巅、天坑地缝等知名景区，发挥奉节脐橙“花果同树”的自然美景，借助农民丰收节、脐橙开园节等节庆活动，推出脐橙精品观光采摘线路，三年打造高标准观光采摘体验园12个，培育“橙家乐”50个，推动果旅融合发展，提升产业发展空间。（责任单位：县农业农村委、县文化旅游委、县商务委、县脐橙产业中心，各乡镇［街道］）

2. 促进诗橙融合发展。持续打造“三峡之巅 诗橙奉节”品牌，建设“诗橙小镇”，讲好奉节脐橙故事，不断融合脐橙文化、诗城文化、饮食文化等文化元素，开发脐橙文旅创意产品，拓展“脐橙＋文化”融合发展。（责任单位：县文化旅游委、县脐橙产业中心，各乡镇［街道］）

3. 创新产城融合发展。加强规划引领，在城市发展建设过程中，将脐橙元素深度植入“吃住行游购娱”，建成柑橘博览园；探索产业互融，将脐橙产业与奉节其他优势产业、新型招商产业深度融合，相互促进。（责任单位：县发展改革委、县规划和自然资源局、县文化旅游委、县商务委、县投资促进中心、县脐橙产业中心，各乡镇［街道］）

三、保障措施

（一）加强组织领导。各乡镇（街道）、县政府有关部门、有关单位要进一步提高认识，加强统筹协调，将脐橙产业高质量发展作为乡村振兴的重要工作，作为“兴业兴城、强县富民”的重要抓手，不断推动资金、项目、人力等向产业发展转移。

（二）加强人才支撑。县委组织部、县人力社保局要落实相关人才政策，引进一批果品专业的高层次技术人员；要进一步加强与高等院校、科研院所合作，建设好国家柑橘体系试验站、院士专家工作站，与柑研所共同建设“奉节脐橙科技协同创新中心”；要进一步挖掘本土资源，建立“乡村人才专家库”，每年评选命名一批“好橙人家”，支持鼓励本土人才参与社会化服务、种植技术推广应用和轻便实用机械研发。

（三）加强要素保障。制定出台脐橙产业政策支撑保障文件，在产业用地、基础设施、技术培训等方面进一步加强支持。支持鼓励乡镇、市场主体等在利益联结、社会化服务、组织化提升、现代化赋能等方面进行大胆探索，先行先试。进一步整合涉农资金，建立脐橙产业发展基金，加大财政投入力度，积极撬动社会资本，确保脐橙产业高质量发展。

湄潭县茶叶区域公用品牌管理办法（试行）

第一章　总　则

第一条　为规范茶叶区域公用品牌的生产、加工和销售，保护生产者和消费者合法权益，促进湄潭茶产业健康发展，根据《中华人民共和国商标法》《中华人民共和国标准化法》《集体商标、证明商标注册和管理办法》《中华人民共和国农产品质量安全法》《贵州省茶产业发展条例》《地理标志专用标志管理办法》《预包装食品标签通则》等相关法律法规，结合湄潭茶产业发展实际，制定本办法。

第二条　本办法所指茶叶区域公用品牌是指“遵义红”和“湄潭翠芽”（以下简称“公用品牌”），由湄潭县茶业协会（以下简称“协会”）注册并持有，协会牵头对公用品牌实施管理。

第三条　对申请使用公用品牌的茶叶生产、加工企业及茶叶销售企业（个体工商户）的监督管理适用本办法。

第二章　公用品牌授权使用

第一节　申请使用公用品牌的主体

第四条　申请使用公用品牌的主体为茶叶生产、加工企业和茶叶销售企业（个体工商户）。

第二节　申请使用公用品牌的条件及程序

第五条　申请使用公用品牌的茶叶生产、加工企业必须具备以下条件：

一、在公用品牌地方标准规定的行政区域内依法取得食品生产许可证或取得食品加工小作坊备案登记证且符合公用品牌地方标准要求的茶叶生产、加工企业，并为协会会员。

二、严格按照公用品牌地方标准要求进行种植、采摘、加工，产品必须符合地方标准要求。

三、近三年来未发生茶叶质量安全事故，未被行政处罚或因质量问题被媒体曝光的情况。

四、自愿履行协会会员应尽的责任与义务，接受协会和政府职能部门的监督管理。

第六条　茶叶生产、加工企业申请使用公用品牌的程序

一、申请。应提交以下材料：

（一）《湄潭县茶叶区域公用品牌使用申请书》（由协会制定统一的标准文本）一份，向协会书面申请。

（二）法定代表人身份证明、食品生产许可证（小作坊备案证）或食品经营许可证、营业执照的复印件各一份。

（三）检验检测机构按照公用品牌标准检测的检验检测报告，同时提供25克检测茶样备案。

二、综合评审。由协会邀请相关人员组成综合评审组，对申请使用者，采取实地查看、电话了解、网上查询等方式，核实提交资料及准入条件，提出同意或不同意的评审意见。

三、协会审定。协会对综合评估组评估意见进行审核，最终确定是否授权使用。

四、对审核不予授权使用的，协会向其提出整改意见，待整改完毕提

请协会复核；经复核并符合条件后再予以授权使用。

五、签订授权使用协议。协会审核确定授权使用后，由授权使用茶叶生产、加工企业与协会签订公用品牌授权使用协议，约定相关事项，缴纳品牌管理费，协会向其颁发公用品牌授权使用文件或证书。

六、备案与公告。由协会将授权使用茶叶生产、加工企业名单及相关信息报县市场监督管理局、县茶产业发展中心和国家商标局备案，由国家商标局公告，同时在协会官网进行公开。

第七条 使用公用品牌的茶叶销售企业（个体工商户）必须具备以下条件：

一、由市场监督管理部门核准注册，依法取得食品经营许可的销售企业（个体工商户）。

二、销售的公用品牌产品来源于授权使用的茶叶生产、加工企业，销售者与之签订产品供应合同。

三、销售的产品必须符合公用品牌地方标准要求。

四、近三年来无违法行为发生，未被行政处罚或因质量问题被媒体曝光的情况。

五、自愿履行应尽的责任与义务，接受协会和政府职能部门的监督管理。

第八条 茶叶销售企业（个体工商户）获得公用品牌使用权的程序。

一、与获得授权使用公用品牌的茶叶生产、加工企业合作，与之签订供货合同，销售其生产的公用品牌产品，使用公用品牌。

二、与未获得授权使用公用品牌的茶叶生产、加工企业合作，销售其生产的茶叶产品，不得使用公用品牌。

三、获得销售公用品牌产品的企业（个体工商户）应向协会备案。

第三节 授权使用期限及其他规定

第九条 茶叶生产、加工企业对公用品牌授权使用有效期为1年，期满后申请延期使用的，应在有效期满前30天内申请，按程序办理，并与协会重新签订协议和更换授权使用文件或证书。有效期满后未申请延期使用的，视为自动放弃使用权，与之合作的销售企业（个体工商户）公用品牌使用权同步终止。

第十条 在授权使用有效期内，授权使用的茶叶生产、加工企业不履行协议约定的，协会有权取消其使用权，并报县市场监督管理局、县茶产业发展中心和国家商标局备案，由国家商标局公告，同时在协会官网进行公开。与之合作的销售企业（个体工商户）使用权同步终止。若仍继续使用的，将按相关法律法规予以追究。

第十一条 获得公用品牌使用权的企业（个体工商户），使用权不得以倒卖、转让、馈赠等方式变更主体。未获得公用品牌使用权的企业（个体工商户）等主体严禁使用公用品牌，否则依法追究。

第十二条 协会对获得公用品牌使用权的主体实行监管。

一、必须在公用品牌产品包装（印制了规范的公用品牌商标及产品信息的包装）上粘贴防伪标识，防伪标识由协会统一设计、印制。授权使用者根据生产销售数量分批领取。销售企业（个体工商户）所需防伪标识，由与之签订供货协议的授权使用茶叶生产、加工企业，根据供货数量到协会领取发放，并对销售者负责监管。防伪标识不得以倒卖、转让、馈赠等方式变更使用主体，一经发现，取消其公用品牌使用权。

二、协会对公用品牌产品进行抽检，抽检不合格的，检测费用由公用品牌使用者承担，并取消其使用权。

第十三条 授权使用的茶叶生产、加工企业需向协会缴纳公用品牌管理费，缴费标准由协会按照《章程》确定。管理费用于品牌管理、宣传、协会运行等开支，并建立财务管理制度进行严格管理，支出情况每年向会员代表大会报告。

第三章　公用品牌统一包装标识

第十四条 获得公用品牌使用权的企业（个体工商户）在公用品牌产品包装上印制的公用品牌证明商标标识以及地理标志等文字、图标，必须与国家相关法规规定的图形、文字一致。公用品牌证明商标标识必须印制在包装的显著位置，并大于企业商标标识。同时必须按照有关规定规范印制产品名称、配料、等级、标准代号、生产企业名称、生产许可证编号、生产企业地址、净含量、规格、保质期、生产日期、贮存条件、联系电话等相关信息。产品必须明码标价销售。否则按照相关法律法规予以追究。

第十五条 获得使用权的企业（个体工商户）对于公用品牌产品的包

装，设计好后应将样张送协会审核备案后印刷使用。

第四章　公用品牌星级标识使用管理

第十六条　协会评选生产条件好、生产规模大、带动能力强、引领作用大的茶叶生产、加工龙头企业，授权使用由协会监制的公用品牌产品星级标识（以下简称星级标识），示范带领湄潭茶叶企业做强实力、做大品牌。

第十七条　公用品牌星级标识的使用由企业申请，协会评选。坚持“严格把握质量、适当控制数量、分批评选、择优确定”的原则。

第十八条　申请使用星级标识的主体及评选条件。申请主体为授权使用公用品牌的市级以上龙头企业。协会根据申请者的SC认证、龙头企业等级、茶园基地、产品标准、质量安全追溯、检验检测能力、融合发展、税收、企业人才、获奖情况等因素进行综合评选。（评选标准见附件）

第十九条　申请使用星级标识的程序。参照申请使用公用品牌的程序进行：企业申请→综合评审→协会审定→签订授权使用协议→发放授权使用文件或证书→使用星级标识→备案与公告。

第二十条　星级标识使用的其他规定

一、星级标识由协会统一设计（或印制）。获得授权使用星级标识的茶叶企业，根据生产销售数量到协会分批领取，在对应的产品包装上粘贴使用。或由企业将标识图案印制在对应的产品包装上，设计的样张应送协会审核备案后印刷使用。在“特级”产品上贴（或印制）“五星”标识，“一级”产品上贴（或印制）“四星”标识，“二级”产品上贴（或印制）“三星”标识。

二、星级标识只限于本企业使用，不得以倒卖、转让、馈赠等方式变更使用主体，一经发现，取消其星级标识使用权。

三、已经授权使用公用品牌星级标识的茶叶企业，授权使用期间如果公用品牌使用权被取消，则公用品牌星级标识使用权同步取消。

四、星级标识授权使用有效期为1年，期满后申请继续使用的，应在有效期到期前30天内申请，按程序办理，与协会重新签订协议和更换授权使用文件或证书；有效期满后未申请延期使用的，视为自动放弃使用权。擅自设计使用带有“湄潭县茶业协会”字样的星级标识的，协会将按照相关法律法规予以追究。

五、星级标识使用企业需向协会缴纳公用品牌星级标识管理费，用于品牌管理、宣传、协会运行等开支。缴费标准由协会按照《章程》确定。

六、星级标识使用企业还必须自行申请使用公用品牌地理标志标识。在规定时限未申请使用的，协会取消其星级标识使用权。

第五章　获得公用品牌使用权主体的权利与义务

第二十一条　权利

一、可优先享受政府有关品牌建设的优惠政策和补助政策，以及产品生态科技成果转化资源。

二、可优先参加政府主办或协办的技术培训、贸易洽谈、信息交流、产品对接、推介会等活动。

三、可优先享有公用品牌标识使用的服务和信息资源共享。

第二十二条　义务

一、自觉履行公用品牌授权使用协议的约定，并遵守相关法律法规。

二、建立健全产品质量追溯体系，保证产品质量稳定可靠，且自觉维护消费者权益和公用品牌声誉。

三、自觉接受相关部门对公用品牌使用情况的监督管理和产品抽检。

四、自觉服从协会对公用品牌的管理。

五、在公用品牌使用期间发生质量安全、经济纠纷和违法违规等问题，自行承担责任。

第六章　公用品牌监督管理主体

第二十三条　协会作为公用品牌证明商标持有人，对公用品牌依法进行管理。协会设立投诉电话，建立监督机制，全体协会会员有权按照《章程》规定对公用品牌参与管理和行使监督。

第二十四条　协会会同湄潭县市场监督管理局、湄潭县综合行政执法局、湄潭县农业农村局、湄潭县公安局、湄潭县检察院、湄潭县法院、湄潭县司法局、湄潭县茶产业发展中心等相关部门，依法对公用品牌进行监督管理，严厉打击违法违规行为。

第七章　附　则

第二十五条　本办法由协会负责解释。

第二十六条　本办法自2022年3月13日起施行。

杭州市西湖龙井茶保护管理条例

（2021年10月29日杭州市第十三届人民代表大会常务委员会第三十八次会议通过 2021年11月25日浙江省第十三届人民代表大会常务委员会第三十二次会议批准）

目 录

第一章 总 则

第一条 为了传承西湖龙井茶文化，保护和提升西湖龙井茶品质，加强西湖龙井茶品牌保护，促进西湖龙井茶产业持续健康发展，根据有关法律、法规，结合本市实际，制定本条例。

第二条本条例适用于本市行政区域内西湖龙井茶的保护和管理及相关活动。

第三条 本条例所称的西湖龙井茶，是指以西湖龙井茶产区的龙井群体种以及从龙井群体种中选育并经审定的适制西湖龙井茶的龙井43、龙井长叶等茶树品种的鲜叶为原料，采用传统的摊青、青锅、回潮、辉锅等工艺在当地加工而成，具有“色绿、香郁、味甘、形美”品质特征，符合西湖龙井茶标准的扁形绿茶。

本条例所称的西湖龙井茶产区，是指西湖龙井茶鲜叶的来源地，包括市人民政府划定的西湖龙井茶基地一级保护区、二级保护区，以及基地之外，杭州市西湖区东起虎跑、茅家埠，西至杨府庙、龙门坎、何家村，南起社井、浮山，北至老东岳、金鱼井范围之内，由市人民政府认定的茶地。

本条例所称的西湖龙井茶防伪溯源专用标识（以下简称西湖龙井专用标识），是指为了提升西湖龙井茶质量安全监督管理能力，应用现代信息技术，专用于西湖龙井茶生产、销售，具有防伪溯源功能的实物识别标签。西湖龙井专用标识应当清晰，包含使用主体、年份、规格、编号、防伪信息等内容。

第四条 西湖龙井茶保护和管理工作应当遵循依法管理、绿色发展、品牌保护、行业自律、公众参与的原则。

第五条 市人民政府应当加强对西湖龙井茶保护和管理工作的领导，建立健全联动协调机制，统筹全市西湖龙井茶保护和管理事项，并建立工作考核责任制。

西湖区人民政府、杭州西湖风景名胜区管委会负责本辖区内的西湖龙井茶保护和管理工作，统筹协调本辖区内西湖龙井茶保护和管理事项。

西湖龙井茶产区所在地的街道办事处应当做好本辖区内茶树种植、茶叶采摘、加工销售等活动的服务、指导与监督工作。

村（居）民委员会在街道办事处指导下做好西湖龙井茶保护和管理相关工作，可以通过村规民约、居民公约对诚信守法经营作出具体约定。街道办事处应当依法加强对村规民约、居民公约制定和落实情况的指导、监督。

第六条 市农业农村主管部门负责本市西湖龙井茶保护和管理工作；西湖龙井茶产区所在地的农业农村主管部门具体负责西湖龙井茶的种质资源保护、品质提升和西湖龙井专用标识管理等工作。

市场监督管理、公安、生态环境、文化广电旅游、规划和自然资源、数据资源、教育、财政、气象等部门按照各自职责，做好西湖龙井茶的保护和管理工作。

第七条 市标准化主管部门应当会同农业农村等部门依法开展西湖龙

井茶标准化建设，完善西湖龙井茶种植、采摘、加工、包装、运输、贮存等标准体系，定期发布西湖龙井茶实物参考样，指导和监督生产经营者按照标准开展生产经营。

西湖龙井茶行业社会组织及企业可以制定严于国家、行业、地方标准的团体标准、企业标准。

第八条 西湖龙井茶行业协会应当加强自律管理，引导会员依法生产经营，开展品质评价、技术成果评价、知识产权保护、品牌推介、职业培训与技能竞赛等活动，推动西湖龙井茶产业发展。

第九条 每年西湖龙井茶鲜叶的实际开采日根据当年龙井群体种、龙井 43 等茶叶生长状况和天气情况确定，由市人民政府统一发布。

第十条 市人民政府和西湖区人民政府、杭州西湖风景名胜区管委会及其有关部门应当加强对西湖龙井茶文化的宣传和教育，定期发布有关西湖龙井茶保护和管理的信息。

广播、电视、报刊、互联网等媒体应当开展西湖龙井茶文化的宣传。

第二章 文化传承与产业发展

第十一条 市人民政府和西湖区人民政府、杭州西湖风景名胜区管委会及其有关部门应当加强对西湖龙井茶相关非物质文化遗产的保护。

文化广电旅游主管部门负责西湖龙井茶相关非物质文化遗产的认定、记录和建档等工作，并对体现传统文化，具有历史、文学、艺术、科学价值的非物质文化遗产采取传承、传播等方式予以保护。各级文化广电旅游主管部门负责西湖龙井茶相关非物质文化遗产本级代表性项目、代表性传承人的推荐及认定工作。

鼓励西湖龙井茶相关非物质文化遗产代表性传承人开展授徒、研学、传承、传播、发展振兴等活动。

第十二条 农业农村主管部门负责西湖龙井茶手工炒制技艺的传承和保护，茶叶炒制中心的建设和推广。

对长期从事西湖龙井茶传统手工炒制，技艺精湛，在国内外享有较高声誉，并作出较大贡献的技艺人员，可以按照规定认定为“杭州工匠”。

第十三条 农业农村主管部门应当加强西湖龙井茶产业高技能人才队伍建设，引导组织西湖龙井茶评茶、茶艺等从业人员参加职业技能等级认定。

第十四条 市人民政府应当加强对西湖龙井茶产区所在地的“狮、龙、云、虎、梅”传统字号文化、红色文化的保护与传承。

社会科学规划部门应当通过社会科学规划项目课题立项等措施，支持西湖龙井茶文化研究与应用。

支持博物馆等单位加大西湖龙井茶文物的征集力度，丰富馆藏内容，推动西湖龙井茶文化的传播和交流。

支持建设茶文化场所，开发茶旅游项目，开展茶事、茶艺等活动，挖掘、整理、传播以茶歌、茶诗、茶书、茶画等为载体的古今优秀茶文化，推进西湖龙井茶文化事业发展。

第十五条 支持老字号企业挖掘西湖龙井茶传统文化内涵，鼓励西湖龙井茶企业加强企业文化建设，支持优秀企业文化的展示和传播，创建特色鲜明的西湖龙井茶企业文化体系。

第十六条 支持西湖龙井茶产区内茶地经营权依法流转，引导和支持从事西湖龙井茶种植、加工、流通服务的企业、科研机构和其他组织，通过与农户或者专业合作经济组织依法订立合同等形式，推进西湖龙井茶生产规模化、集约化、一体化发展。

依法保障西湖龙井茶生产经营者的合理建设用地需求，鼓励和支持生产经营者整合资源和生产要素，研究种植加工技术，提升产能和品质。

鼓励西湖龙井茶产业与非物质文化遗产以及其他民间技艺、乡风民俗、村落文化、美丽乡村等融合发展。

第十七条 鼓励金融机构开发有利于西湖龙井茶产业健康发展的产品和服务；鼓励保险机构开发西湖龙井茶相关保险产品；支持符合条件的西湖龙井茶企业上市。

第三章 品质保护与提升

第一节 龙井群体种种质资源保护

第十八条 市农业农村主管部门应当会同西湖区人民政府、杭州西湖风景名胜区管委会编制龙井群体种种质资源保护专项规划，经市人民政府批准后实施。

第十九条 农业农村主管部门应当制定龙井群体种种质资源普查方

案，组织对种质资源进行普查，建立资源档案，并向社会公布。

龙井群体种种质资源普查每十年开展一次。

第二十条　对龙井群体种种质资源实行长期保护。

市人民政府应当划定龙井群体种种质资源保护区。龙井群体种种质资源保护区内不得变更茶树品种、种植面积、种植地域，不得破坏龙井群体种种质资源。

西湖区人民政府、杭州西湖风景名胜区管委会应当采取措施，加强资金保障，做好龙井群体种种质资源保护工作。

龙井群体种种质资源保护区所在地的村（居）民委员会可以通过与农户签订保护协议等形式，对龙井群体种种质资源保护义务以及相应奖惩机制作出约定。

鼓励西湖龙井茶生产者选用龙井群体种。

第二十一条　市农业科研部门应当建立龙井群体种种质资源保存圃，进行龙井群体种种质资源收集和保存；及时更新龙井群体种种质资源名录，进行种质资源评价。

支持高等院校、科研机构、植物园、企业等单位和个人开展龙井群体种种质资源科学研究。

第二十二条　西湖区人民政府、杭州西湖风景名胜区管委会应当对具有一定树龄或者历史价值和纪念意义及重要科研价值的古茶树开展调查、登记，建立名目，划定保护范围，设置保护标志，并向社会公布。

禁止破坏古茶树及其生存的自然环境。

第二节　茶园生态环境保护

第二十三条　西湖龙井茶生产者应当按照食品安全标准和相关规定使用农药、肥料等农业投入品，严格执行农业投入品使用安全间隔期的规定，并建立农业投入品使用档案。档案的保存期限不得少于两年。

鼓励西湖龙井茶生产者建设生态茶园，推广使用茶园病虫害绿色防控技术，加大绿色有机转化力度。

西湖龙井茶产区所在地的农业农村主管部门应当制定计划，适时开展茶树提纯复壮工作，保持良种种性。

第二十四条　西湖龙井茶产区范围内农药、肥料等的包装废弃物以及其他农业固体废物的回收利用和处置应当遵守法律、法规及国家和省、市有关规定。

农业农村、生态环境、气象等部门应当加强西湖龙井茶产区的环境质量监测和茶园小气候监测。西湖龙井茶产区所在地的生态环境、农业农村等部门应当采取必要措施防止有毒有害气体和其他有害物质对西湖龙井茶的影响。

第二十五条 西湖龙井茶产区范围内禁止违法开垦林地种茶等行为。

第四章 品牌保护与标识管理

第一节 品牌保护

第二十六条 鼓励和支持西湖龙井茶生产经营者开展品牌建设。

对获得地理标志证明商标、地理标志产品保护、中华老字号、入选国际地理标志保护产品互认清单等名优产品的商标或者标识依法予以保护。

第二十七条 西湖龙井茶生产经营者申请使用“西湖龙井”地理标志证明商标，应当符合该证明商标使用管理规则规定的条件，履行该证明商标使用管理规则规定的手续，遵守该证明商标使用许可协议的约定。未经该证明商标专用权人许可，不得擅自使用。

第二十八条 “西湖龙井”地理标志证明商标专用权人应当制定商标管理规则，提升产品外在形态、内在品质以及标识、包装的规范性，定期评估被许可使用人的商标使用情况，提高商标专用权的保护能力。

第二十九条 生产经营者应当恪守社会公德，诚信经营，保障消费者的合法权益。

生产经营者不得在非西湖龙井茶的茶叶包装、宣传上使用易产生误解和混淆的名称、地名或者标识及可能误导消费者的文字或者图案标志，使消费者将该茶叶误认为西湖龙井茶。

第三十条 市场监督管理部门应当加强对西湖龙井茶品牌的保护，依法查处侵犯注册商标专用权和制售假冒伪劣西湖龙井茶等行为，推动开展线上线下一体化执法、跨区域执法协作与维权援助，维护西湖龙井茶市场秩序。

第二节 标识管理

第三十一条 农业农村主管部门应当会同市场监督管理部门开展西湖

龙井茶质量安全追溯工作，建立西湖龙井茶质量安全信息共享机制。

西湖龙井茶包装销售的，应当在包装显著位置加贴西湖龙井专用标识。通过互联网等信息网络销售的，还应当在产品介绍页面显著位置予以明示。

西湖龙井专用标识实行统一标识、分类编码、数量管控，实现西湖龙井茶鲜叶来源地、茶树品种和鲜叶采摘、加工等过程可追溯管理。西湖龙井专用标识印制、申领、发放、使用、回收、保管、销毁及监督检查等活动的具体管理办法，由市农业农村主管部门和市市场监督管理部门另行制定。

第三十二条 西湖龙井茶生产经营者每年度可以在规定时间内通过西湖龙井茶数字化管理系统申领西湖龙井专用标识。农业农村等有关部门应当为申领使用者提供便利，并做好相关信息公开工作。

申领使用西湖龙井专用标识的生产经营者应当建立和完善西湖龙井茶交易和西湖龙井专用标识使用台账。台账的保存期限不得少于两年，法律、法规另有规定的，从其规定。西湖龙井专用标识的实际申领、使用数据，应当与西湖龙井茶数字化管理系统中西湖龙井专用标识的数据情况一致。

西湖龙井茶生产企业之间、企业和农户之间的西湖龙井茶交易，应当直接划转西湖龙井茶数字化管理系统中的西湖龙井专用标识数据，不得转让领取的专用标识。已经领取但在申领年度内未使用的西湖龙井专用标识应当在规定时间内退还。

第三十三条 西湖龙井专用标识使用人应当按照规定规范使用西湖龙井专用标识，不得从事下列行为：

（一）转让、赠予、借用西湖龙井专用标识；

（二）故意遮挡、污损西湖龙井专用标识；

（三）其他违反规定的行为。

第三十四条 任何单位或者个人不得伪造、擅自制造西湖龙井专用标识，或者销售伪造、擅自制造的西湖龙井专用标识，或者为伪造、擅自制造西湖龙井专用标识提供便利条件或者其他帮助。

第三十五条 市农业农村主管部门应当采取数字化管理手段开展溯源

管理，开发和维护西湖龙井茶数字化管理系统，并与杭州城市大脑中枢系统对接，实现西湖龙井茶智能化在线监管。

农业农村主管部门会同市场监督管理部门依法收集和管理西湖龙井茶生产、流通相关数据；数据资源主管部门应当为西湖龙井茶数字化管理系统的有效运行提供数据协同与支持。

西湖龙井茶产区所在地的街道办事处、村（居）民委员会应当配合做好西湖龙井茶数字化管理系统的使用工作。农业农村等有关部门应当为其使用提供指导与便利。

第五章　法律责任

第三十六条　违反本条例规定的行为，法律、行政法规和省的地方性法规已有法律责任规定的，从其规定。

第三十七条　违反本条例规定，有下列情形之一的，由农业农村、市场监督管理部门责令限期改正；逾期不改正的，可以对个人处二千元以上一万元以下的罚款，对单位处一万元以上五万元以下的罚款：

（一）包装销售西湖龙井茶未在包装显著位置加贴西湖龙井专用标识的；

（二）通过互联网等信息网络销售西湖龙井茶未在产品介绍页面显著位置予以明示的；

（三）西湖龙井专用标识使用人未按规定划转西湖龙井专用标识数据，或者未在规定时间内退还已领取但未在申领年度内使用的西湖龙井专用标识的；

（四）西湖龙井专用标识使用人转让、赠予、借用，或者故意遮挡、污损西湖龙井专用标识的。

上述情形中发现存在生产、销售假冒伪劣西湖龙井茶行为的，由市场监督管理部门依法查处。

第三十八条　违反本条例规定，有下列情形之一的，由农业农村、市场监督管理部门责令停止违法行为，没收伪造、擅自制造的西湖龙井专用标识及工具，违法所得五万元以上的，可以处违法所得五倍以下的罚款，没有违法所得或者违法所得不足五万元的，可以处二十万元以下的罚款：

（一）伪造、擅自制造西湖龙井专用标识的；

（二）销售伪造、擅自制造的西湖龙井专用标识的；

（三）为伪造、擅自制造西湖龙井专用标识提供便利条件或者其他帮助的。

第三十九条 任何单位或者个人认为西湖龙井茶生产经营者侵害其权益，或者存在其他违反本条例规定行为的，可以通过“12345”市长公开电话、“12315”消费者投诉热线等渠道进行投诉、举报，相关部门应当依法在规定时间内予以答复、处理。

第四十条 有关部门、单位及其工作人员在西湖龙井茶保护和管理工作中有玩忽职守、滥用职权、徇私舞弊等行为的，由有权机关依法进行调查处理。

第六章 附 则

第四十一条 西湖龙井茶产区内基地的保护和管理，依照《杭州市西湖龙井茶基地保护条例》执行，基地之外茶地的保护和管理，可以参照执行。

第四十二条 本条例自2022年3月1日起施行。

江门市新会陈皮保护条例

第一章 总 则

第一条 为了继承和弘扬新会陈皮文化，保证新会陈皮的质量和特色，促进新会陈皮产业持续健康发展，根据有关法律法规，结合本市实际，制定本条例。

第二条 本条例适用于本市行政区域内新会陈皮的保护以及新会陈皮文化的传承和发展等活动。

本条例所称新会陈皮，是指在国家公告的地理标志产品产地范围内，以新会柑皮为原料，采用特殊的干燥、贮存工艺陈化而成，具有独特风味和品质的柑皮。

本条例所称新会柑，是指在国家公告的地理标志产品产地范围内，采用茶枝柑大种油身、细种油身等品系栽培而成的茶枝柑果实。

第三条 产地范围内县级以上人民政府应当将新会陈皮保护及其产业

发展规划纳入本级国民经济和社会发展规划，所需经费列入本级年度财政预算。

市场监督管理主管部门负责新会陈皮市场秩序和知识产权保护等工作。

农业农村主管部门负责新会柑种质资源保护、种苗繁育、种植规范指导服务等工作。

文化和旅游主管部门负责新会陈皮文化产业发展和旅游资源开发等工作。

生态环境主管部门负责新会陈皮生态环境保护和污染防治等工作。

发展改革、自然资源、城市管理和综合执法、财政、住房城乡建设、民政等主管部门在各自职责范围内做好新会陈皮保护相关工作。

镇人民政府、街道办事处应当配合有关部门做好新会陈皮保护工作，引导和支持村民委员会、居民委员会依法组织制定新会陈皮保护相关村规民约、居民公约。

第四条 产地范围内县级以上人民政府应当建立新会陈皮保护联席会议制度，研究、协调解决保护工作中的产业发展、信息共享、文化传承、媒体宣传等重大事项。

在召开新会陈皮保护联席会议时，可以邀请新会陈皮行业组织、技术专家、生产经营者代表列席会议，听取意见。

第五条 产地范围内县级以上人民政府应当加强新会陈皮保护宣传和普及工作。

新闻媒体应当开展新会陈皮保护相关法律法规和新会陈皮知识的宣传，对违反新会陈皮保护的行为进行舆论监督。

第二章 道地性保护

第六条 产地范围内县级人民政府应当指定相关主管部门会同城乡规划主管部门共同组织编制新会陈皮产地保护规划。新会陈皮产地保护规划由组织编制机关报本级人民政府批准实施。

在编制新会陈皮产地保护规划时，组织编制机关可以根据产地内的地理、气候、土壤等自然因素和文化传承等人文因素，对产地实行分区保护，并明确具体规划措施。

新会陈皮产地保护规划应当符合国土空间规划。

第七条　新会陈皮产地保护规划报送批准前，组织编制机关应当依法将规划草案予以公告，并采取论证会、听证会或者其他方式征求专家和公众的意见。公告的时间不得少于三十日。

新会陈皮产地保护规划经批准后，应当在政府网站、新闻媒体和专门场所公告，并在政府网站长期公布。

第八条　产地范围内农业农村主管部门应当广泛宣传柑橘黄龙病等重大病虫疫情的为害特点和传播规律，落实防控措施，提升防控水平。

生产经营者应当按照国家和地方标准，合理使用农药、肥料等投入品；在有关主管部门技术指导下，开展柑橘黄龙病等重大病虫疫情防治，维持果园的健康水平，履行生产经营主体防控义务。

第九条　鼓励企业开展新会柑肉综合化、产品化利用；引导生产经营者开展新会柑肉资源化利用，或者提供给有资质的企业进行深加工和综合利用。

任何单位和个人不得随意倾倒、丢弃新会柑肉，防止污染环境，影响环境卫生。

产地范围内农业农村、林业、生态环境、城市管理和综合执法等主管部门应当加强对新会柑肉收集、贮存、利用、处置的监督管理。

第十条　产地范围内农业农村或者林业主管部门应当依法对集中分布的新会柑天然种质资源进行保护。

林业主管部门应当依法将符合条件的柑树纳入古树名木保护目录，建立档案，实行挂牌保护。

任何单位和个人不得侵占和破坏新会柑天然种质资源。

第十一条　产地范围内农业农村主管部门应当推动依法设立新会柑良种繁育基地。

新会柑良种繁育基地应当设置保护标识，标明繁育种类、认定单位、建设单位等，接受社会监督。

第十二条　产地范围内县级人民政府农业农村等主管部门可以根据国家、省公告的产品质量技术要求，制定新会柑种植和新会陈皮生产技术指导规范，并向社会公布。

鼓励和支持新会柑种植和新会陈皮生产企业进行标准化、规模化种植和生产，制定企业标准。

鼓励新会陈皮行业组织、农业合作社积极推行新会柑种植和新会陈皮生产工艺标准化，对其成员统一提供生产资料和技术服务，保障新会陈皮质量安全。

第十三条 鼓励、支持企业和个人与科研机构、高等院校联合研究新技术、新工艺，以新会柑、新会陈皮为原料开发生产药品、食品、茶制品等衍生品，延长新会陈皮产业链，增加新会陈皮行业附加值；以科教双创促进新价值和新业态的形成，拓展产业链。

第十四条 产地范围内县级以上人民政府农业农村等主管部门应当逐步建立统一的新会柑种植和新会陈皮生产、仓储、流通的全过程质量可追溯体系。

生产经营者应当建立健全质量管理制度，如实记录、提供可供追溯的相关信息。

第三章 品牌保护

第十五条 产地范围内县级以上人民政府及其相关部门应当鼓励和支持新会陈皮生产经营者加强品牌建设，依法保护企业注册域名。

第十六条 新会柑、新会陈皮地理标志产品管理机构应当向社会公开地理标志产品专用标志的申请条件、使用规则以及管理细则。

产地范围内生产经营者可以向新会柑、新会陈皮地理标志产品管理机构申请使用地理标志产品专用标志。

第十七条 新会柑、新会陈皮地理标志产品管理机构应当对地理标志产品专用标志的印刷、发放、数量、使用情况等进行日常监督管理。

地理标志产品管理机构应当根据实际情况控制专用标志的使用数量。

第十八条 产地范围内生产经营者可以向新会陈皮证明商标注册人申请使用证明商标。

证明商标注册人应当向社会公开新会陈皮证明商标使用管理规则，明确证明商标的使用宗旨、条件、手续和使用人的权利、义务以及应当承担的责任等内容。

证明商标注册人应当对该商标的使用进行有效管理或者控制，使该商标使用的商品达到其使用管理规则的要求，防止对消费者造成损害。

第十九条 凡符合新会陈皮证明商标使用管理规则规定条件的生产经营者，在履行相关手续后，可以使用该证明商标。证明商标注册人不得拒绝办理手续。

第二十条 任何单位和个人不得从事下列行为：

（一）擅自使用或者伪造新会柑、新会陈皮地理标志产品名称及专用标志；

（二）伪造、擅自制造新会陈皮证明商标标识或者销售伪造、擅自制造新会陈皮证明商标标识；

（三）其他侵犯新会柑、新会陈皮知识产权的行为。

第四章 传承与发展

第二十一条 产地范围内县级以上人民政府应当根据法律法规有关规定，在土地、资金、人才等方面制定具体措施，加大对新会陈皮生产经营者在天然种质保护、繁育种质保护以及技术改造、科技创新、节能减排、品牌创建等方面的支持力度。

鼓励和支持社会资金投资新会陈皮产业，促进新会陈皮产业壮大发展。

第二十二条 产地范围内县级以上人民政府应当重视新会陈皮文化的保护与传承，对涉及新会陈皮的传统技艺、饮食文化、民风民俗、故事传说等文化遗产进行搜集、研究和整理，并合理开发利用。

产地范围内县级以上人民政府可以对长期从事新会陈皮生产经营活动的企业或者生产技艺精湛、成就显著的人员，依法授予荣誉称号，给予相应的补助、奖励。

鼓励新会陈皮生产技艺传承人开展授徒、传艺、交流等传承传播活动。

第二十三条 新会陈皮行业组织应当发挥行业自律作用，积极参与新会陈皮保护工作，落实保护措施；提供信息交流、技术培训、信用建设和咨询等服务。

新会陈皮生产企业应当加强职工生产技艺培训，有计划地组织开展技术交流、技能竞赛和业务学习等活动。

第二十四条 鼓励金融机构创新金融产品，改善金融服务，加大对新会陈皮产业发展的信贷投放。

鼓励商业保险机构开发新会陈皮产业相关保险产品，支持新会陈皮生产经营者购买商业保险。

第二十五条 鼓励科研机构、企业和个人建立产学研合作机制，创新新会柑种植和新会陈皮生产等技术，为新会陈皮保护提供技术支持。

第五章 监督与管理

第二十六条 市场监督管理主管部门应当对新会柑、新会陈皮市场进行监督检查，对以假充真、以次充好、伪造产地等违法行为进行查处；依法打击侵犯知识产权的行为。

第二十七条 产地范围内农业农村主管部门应当加强对农药、化肥等投入品使用的监督管理；对新会柑的良种选育、种苗繁育、标准种植等进行指导服务。

第二十八条 产地范围内生态环境、城市管理和综合执法等主管部门应当加强日常监测和巡查，及时发现和处置污染事件，确保自然生态环境良好，市容环境整洁、有序。

第二十九条 对分散于农户中种植新会柑、生产新会陈皮的，鼓励新会陈皮行业组织和农业合作社按照有关行业标准、企业标准进行生产指导和技术服务。

第三十条 新会陈皮生产经营者应当建立种植、采摘、加工、仓储、销售台账，按照要求向相关主管部门报告生产经营情况。

第六章 法律责任

第三十一条 产地范围内相关主管部门以及其他有关单位和部门有下列行为之一的，由其上级行政机关责令改正；情节严重的，对直接负责的主管人员和直接责任人员依法给予处分；构成犯罪的，依法追究刑事责任：

（一）未依法组织编制新会陈皮产地保护规划的；

（二）未依法将符合条件的新会柑树纳入古树名木保护目录，建立档案，实行挂牌保护的；

（三）未逐步建立统一的新会柑种植和新会陈皮生产、仓储、流通全过程质量可追溯体系的；

（四）未根据实际情况控制地理标志产品专用标志使用数量的；

（五）其他滥用职权，玩忽职守，徇私舞弊行为。

第三十二条 违反本条例第九条第二款规定，随意倾倒、丢弃新会柑肉，造成环境污染，或者影响环境卫生的，由生态环境或者城市管理和综合执法等主管部门依法追究法律责任。

第三十三条 违反本条例第十条第三款规定，侵占和破坏新会柑天然种质资源的，由农业农村或者林业主管部门责令停止违法行为，没收种质资源和违法所得，并处一万元以上五万元以下罚款；造成损失的，依法承担赔偿责任。

第三十四条 违反本条例第十四条第二款规定，生产经营者未如实记录、提供可供追溯相关信息的，由农业农村主管部门或者其他有关主管部门责令限期改正；逾期不改正的，可以处二千元以下罚款。

第三十五条 违反本条例第十八条第三款规定，新会陈皮证明商标注册人没有对该商标的使用进行有效管理或者控制，致使该商标使用的商品达不到其使用管理规则的要求，对消费者造成损害的，由市场监督管理主管部门责令限期改正；拒不改正的，处以违法所得三倍以下的罚款，但最高不超过三万元；没有违法所得的，处两千元以上一万元以下的罚款。

第三十六条 违反本条例第二十条第一项规定，擅自使用或者伪造新会柑、新会陈皮地理标志产品名称及专用标志的，由市场监督管理主管部门依法进行查处。

违反本条例第二十条第二项规定，伪造、擅自制造新会陈皮证明商标标识或者销售伪造、擅自制造新会陈皮证明商标标识的，由当事人协商解决；不愿协商或者协商不成的，商标注册人或者利害关系人可以向人民法院起诉，也可以请求市场监督管理主管部门依法处理；构成犯罪的，除赔偿被侵权人的损失外，依法追究刑事责任。

第七章 附 则

第三十七条 除法律法规另有规定外，在本市行政区域内地理标志产品产地范围外陈皮的保护工作，参照本条例执行。

第三十八条 本条例自 2020 年 7 月 1 日起施行。

全国福鼎白茶产业知名品牌创建示范区筹建实施方案的通知

根据国家质量监督检验检疫总局《关于同意筹建“全国福鼎白茶产业知名品牌创建示范区”的函》（国质检质函〔2018〕81号）文件的有关要求，立足我市茶产业实际，为切实推进“示范区”建设，确保筹建工作顺利开展，结合国家质量监督检验检疫总局《关于印发〈“全国知名品牌创建示范区”建设工作指导意见〉的通知》（国质检质〔2012〕191号）和《质检总局质量管理司关于开展全国知名品牌创建示范区建设工作的通知》（质检质函〔2016〕11号）文件精神，特制定本实施方案。

一、指导思想

我市筹建“全国福鼎白茶产业知名品牌创建示范区”以习近平新时代中国特色社会主义思想为指导，围绕贯彻落实党的十九大精神、国务院《质量发展纲要（2011—2020年）》《中共中央 国务院关于开展质量提升行动的指导意见》《福建省人民政府办公厅关于推进绿色发展质量兴茶八条措施的通知》（闽政办〔2018〕44号）政策文件要求，推动福鼎市创新品牌建设，深入实施“质量强市”和品牌战略，增加农民收入，促进茶农脱贫致富奔小康。

二、工作目标

通过“全国福鼎白茶产业知名品牌创建示范区”的筹建工作，形成领导重视，组织落实，产业发展协调、质量明显进步、品牌建设有效的产业发展格局，全面提高福鼎白茶产业的经济效益和品牌效益，推进产业集群全面、协调、可持续发展。

（1）品牌建设成效显著提升。筹建期间争创福建省政府质量奖或宁德市政府质量奖1个；新增福建省名牌产品2个；争创农业产业化龙头企业，新增福鼎市级农业产业化龙头企业50家、宁德市级农业产业化龙头企业35家，培育福建省级农业产业化龙头企业5家。培育一批质量素质高，品牌影响力和市场竞争力强的茶业知名品牌。

（2）质量水平显著提升。筹建期间产业集群严格按标准种植和生产，产品质量抽查合格率在95%以上。

（3）平台建设取得突破。筹建以茶叶检验为主的“福鼎市食品检验中心”，争取2018年底投入使用；完善优化“福鼎白茶信息查询系统”，为客户、供应商及消费者提供快速了解福鼎白茶茶企及行业相关信息的公共平台；依托农业部和省农业厅可追溯建设平台，开展茶叶产品可追溯制度建设试点工作。

（4）产业规模不断壮大。筹建期间力争实现福鼎涉茶总产值年平均增长率20%以上。

（5）质量、环境、安全明显改善。筹建期间不出现重特大质量、环境保护、安全生产事故及恶性违法违规案，不出现因产品重大质量问题引起的国内外通报、退货、索赔案例。

三、主要任务

围绕“全国福鼎白茶产业知名品牌创建示范区”筹建目标，创建工作领导小组及相关部门着力抓好以下任务措施。

（一）政策扶持

市政府将“全国福鼎白茶产业知名品牌创建示范区”建设工作纳入国民经济和社会发展规划，制定并颁布建设规划和工作方案，对“全国福鼎白茶产业知名品牌创建示范区”建设详细规划安排、明确目标要求、成立相应的组织领导机构，并提供必要的经费保证，出台支持质量提升和品牌建设的财政、人才等政策措施，科学制定产业发展规划，搭建资金筹集、人才培养、检验检测、信息交流等支撑平台，全面提升产业核心竞争力。

建立由各相关部门参加的“全国福鼎白茶产业知名品牌创建示范区”建设工作联席会议制度，把建设工作责任分解落实到各部门，构建责任清晰、分工明确、部门重视的创建工作机制，整体推进“全国福鼎白茶产业知名品牌创建示范区”建设。

加大培育和宣传知名品牌力度，表彰获政府质量奖、名牌产品及驰名商标等称号的企业，支持品牌走出去，营造关心品牌建设、重视品牌建设的良好行业氛围。

（二）品牌带动

树立品牌建设标杆企业，发挥名牌产品、标杆企业的带动作用，鼓励以名牌产品为龙头，以资本为纽带，促进产业集聚，实现由“数量经济”

到“品牌经济”的跃升。

建立健全品牌保护机制，加大查处假冒名牌产品、驰名商标等侵权行为的力度，加强品牌保护。

积极加大品牌推介力度，通过各类媒体的宣传推介、茶博会、全国有关品牌评选及产业价值评估等活动，持续做好茶叶品牌创建和宣传推介工作。

丰富福鼎白茶文化内涵。加大福鼎涉茶民俗风情、茶史、茶文化的研究与挖掘，开展茶文化学术交流，丰富福鼎白茶文化内涵，提升福鼎白茶品牌价值。

（三）质量提升

建立产品质量安全综合评价和考核指标体系，开展产品质量合格率统计工作，将质量指标纳入政府年度绩效考核体系进行实际考核。

“全国福鼎白茶产业知名品牌创建示范区”内企业全面加强质量管理，大力开展质量强区、质量强业、质量强企、质量改进、质量管理、质量培训和质量比对提升等活动，采用卓越绩效模式、精益生产等国内外先进的质量管理方法，建立健全从茶叶种植、加工、出厂检验到售后服务的全员、全过程、全方位的质量管理体系，积极争创名牌产品、政府质量奖、质量管理先进企业，走质量和效益型发展道路。

建立“全国福鼎白茶产业知名品牌创建示范区”产品质量整治工作机制，积极开展质量专项整治工作。落实“全国福鼎白茶产业知名品牌创建示范区”质量和打假责任制，加大对质量违法行为的惩治。加大“全国福鼎白茶产业知名品牌创建示范区”产品质量监督抽查力度，加强对产业质量状况的监控，建立和落实市场准入机制以及质量安全预警和快速反应机制。

完善茶园投入品监管机制。加大对违禁投入品的查处力度，杜绝违禁投入品的销售、使用，组织技术人员对示范基地茶园的病虫害情况、土壤情况等进行监测，实行茶园农药经销台账制度，严禁高毒、高残留茶园农药进入茶园。

（四）质量基础工作

“全国福鼎白茶产业知名品牌创建示范区”内企业加强标准化工作，按照行业统一的产品标准组织生产，积极采用国际标准和国外先进标准；

组织技术力量雄厚的企业参与地方、行业、国家、国际标准的制修订；申请各级财政标准专项补助和奖励金，激励企业大力实施标准化战略。

“全国福鼎白茶产业知名品牌创建示范区”内企业加强质量认证工作，积极开展质量管理体系、环境管理体系、职业健康安全管理体系、社会责任、实验室等认证认可工作，夯实质量发展基础。

加大宣传力度。在茶叶生产旺季，组织科技人员走村入户宣传茶叶质量安全，发放《福鼎白茶质量安全手册》等科普资料，提高茶农、茶企质量安全意识。

严格行业自律。加强行业内部监督，充分发挥茶叶行业协会等社会组织的监督、协调和引导作用，完善行业自律运行机制，强化行业内部自我管理、自我约束，倡导企业合法经营、诚信经营、保质保量、公平竞争，自觉遵守《福鼎白茶生产经营企业质量安全、诚信自律承诺书》等规定。

（五）公共平台建设

围绕“全国福鼎白茶产业知名品牌创建示范区”产业的发展需要，筹建以茶叶检验为主的“福鼎市食品检验中心”，争取2018年底投入使用。

完善“福鼎白茶信息查询系统”，方便客户、供应商及消费者快速了解福鼎白茶茶企及行业相关信息，并在系统中设立举报箱，方便群众对福鼎白茶生产及销售进行监督。

依托农业部和省农业厅可追溯建设平台，开展茶叶产品可追溯制度建设试点工作，使茶叶企业和职工的质量安全意识和自我约束能力不断增强，社会责任感逐步强化。

（六）推动科技示范支撑

（1）推动产学研一体化。加强与国内茶叶科研院所的交流合作，发挥好省级院士专家工作站、浙江大学中国白茶研究中心等平台的科研作用，构建以龙头企业为主体、产学研相结合的茶叶科技创新体系，加强茶叶生产、加工、保健、仓储等重大技术攻关，增强我市茶叶科技自主创新能力。

（2）加强科技培训。完善茶叶科技推广体系，组织实施茶叶科技培训工程，举办茶叶技术培训和讲座，提升基层茶技推广人员技术服务水平。

（3）提高茶叶附加值。推进产业结构调整，鼓励龙头企业发展茶叶精深加工，引进先进设备和技术，延长产业链，增加茶叶附加值，提高茶叶二三产经济效益。

四、进度安排

“全国福鼎白茶产业知名品牌创建示范区”筹建工作总体计划按 24 个月的时间完成，即 2018 年 3 月至 2020 年 2 月。分以下四个阶段。

（一）宣传、启动阶段（2018 年 3 月至 2018 年 8 月）

充分利用各种途径和形式对国家质检总局批准筹建“全国福鼎白茶产业知名品牌创建示范区”相关情况开展广泛深入的宣传造势，营造氛围，扩大影响，掀起热潮。

按照创建“全国福鼎白茶产业知名品牌创建示范区”的任务要求，召开市政府常务会议专题研究解决“示范区”筹建的相关问题，成立“示范区”创建工作领导小组，抽调专人组建领导小组办公室负责“示范区”创建日常工作。

加强与福建省、宁德市市场监管局等部门的衔接与沟通，寻求提供支持、指导和服务。

各责任部门梳理落实各自目标任务的措施，制定各自的实施方案。

赴省质监局、国家市场监管总局汇报“全国福鼎白茶产业知名品牌创建示范区”筹建前期工作筹备开展情况，上报筹建规划申报材料，并提请审定通过后正式实施。

（二）全面实施阶段（2018 年 9 月至 2019 年 6 月）

相关部门、各乡镇（街道、龙安）按照“全国知名品牌创建示范区”考核验收指标的内容和“示范区”筹建工作任务一览表逐一量化目标，明确时限，分解任务，落实责任，采取有效措施，加大实施力度，确保高标准、高质量完成各自工作任务。

创建办根据“全国知名品牌创建示范区”考核验收指标和实施方案等，对“示范区”的建设进行指导，对“示范区”运行情况进行跟踪与督查考核，确保“示范区”筹建工作平衡发展、整体推进。

做好迎接国家市场监管总局专家组对“示范区”筹建工作的指导，做好迎接省质监局、直属检验检疫部门对“示范区”筹建工作的辅导以及筹建进展情况的阶段性考核，并根据提出的考核意见和整改建议及时抓好整改。按时向省质监局、直属检验检疫部门以及国家市场监管总局上报“示范区”筹建的动态情况。

“示范区”内的企业全面开展质量提升、品牌创建、自主创新等质量强企活动。全面启动质量信息档案可查询系统、质量信用信息共享动态管理平台及质量诚信体系建设和标杆企业卓越绩效管理；组织实施质量管理体系，环境管理体系，职业健康安全管理体系，计量、测量管理体系等认证审查及取证工作。

（三）自查、整改阶段（2019 年 7 月至 2019 年 8 月）

在正式申请验收前，由“示范区”工作领导小组办公室统筹安排，邀请质量管理专家现场指导，办公室各工作组齐心协力，结合各自所承担的工作内容，对照“全国知名品牌创建示范区”考核验收指标，集中人力、时间，深入企业、产业园区，组织开展一次系统性的自查，尤其要突出对重点环节、主要考核验收指标完成情况的检查，发现问题及时督促指导逐一整改，直至完善达标，为确保“示范区”筹建顺利通过验收打下坚实基础。

（四）申请验收阶段（2019 年 9 月至 2020 年 2 月）

当对照“全国知名品牌创建示范区”考核验收细则进行自查分数达到 800 分以上时，先提请省市场监管局会同审核，通过审核后报请“质量兴省”领导小组或省人民政府批准，再报请国家市场监督管理总局组织验收，同时向国家市场监督管理总局提交申请验收材料，包括：筹建总结报告，验收申请书；历次考核的情况，专家指导情况；按照全国知名品牌创建示范区考核验收细则自查情况，确定纳入区域的示范企业名单；“质量兴省”领导小组或省人民政府的意见等。并做好迎接国家市场监督管理总局验收专家组现场考核验收的各项准备工作。

五、保障措施

（一）组织领导保障

成立市政府主要领导任组长的“全国福鼎白茶知名品牌创建示范区”工作领导小组，统一组织实施“示范区”筹建工作。领导小组下设办公室，负责创建示范区的具体组织实施工作。办公室分设政策规划推行组、质量品牌提升组、品牌战略宣传组、综合管理组四个工作组。

（二）舆论宣传保障

始终把宣传工作贯穿于整个筹建实施过程中，采取多种形式，广泛宣传。一是充分发挥网络、电视、报刊等新闻媒体的舆论导向作用，开辟专刊、专栏、专题，集中对“示范区”创建工作进行宣传，表彰创建先进典型；二是利用开展“质量月”“世界标准日”“世界计量日”“中国品牌日”等群众性质量活动开展宣传教育，提高全民质量意识、品牌意识、诚信意识，树立“以质取胜”的理念。三是深入园区、企业开展宣传。利用好宣传阵地积极营造全社会重视质量工作的良好舆论氛围，形成共识，促进“示范区”筹建目标的实现。

（三）技术支撑保障

从相关职能部门或高校等单位聘请相关专家，组成“示范区”筹建专家组，对整个筹建工作进行跟踪指导，提供技术支持。通过多种渠道和途径选拔优秀企业高级管理人员、技术人员组成的专家库，为“示范区”筹建提供人才保障。创建办要及时向国家、省、市相关部门搞好汇报协调，争取上级的指导和支持，会同有关部门及时研究解决创建“示范区”建设和发展中的重大问题，提升创建的水平和质量。

（四）筹建经费保障

市财政要将“示范区”筹建工作经费列入年度预算，全力保障。示范区内的各乡镇（街道、龙安）和领导小组成员单位也要相应保障必要筹建经费。

（五）责任落实

示范区内的各乡镇（街道、龙安）和领导小组成员单位把筹建工作列入今明两年重要工作日程，明确各自的工作责任和主要任务，主要领导要亲自抓，分管领导具体抓，层层分解，责任到人，狠抓落实。要牢固树立“一盘棋”思想，主动融入“示范区”筹建的统一部署，加强单位之间、部门之间的沟通协调，形成合力，齐心协力，整体推进。

（六）督导考核

落实责任考核机制，把“示范区”筹建工作纳入各部门、各乡镇（街道、龙安）年度目标责任制考核的重要内容。领导小组要加强对筹建工作中各项工作的开展情况进行定期或不定期的督促检查，对成效突出的在全市通报表彰，对筹建工作滞后、影响整体进度的单位提出通报批评，并查找原因，限期整改。